L'Encyclopédie
du
GOLDEN RETRIEVER

A. Pandolfi

L'Encyclopédie *du* GOLDEN RETRIEVER

ÉDITIONS DE VECCHI S.A.
52, rue Montmartre
75002 PARIS

AVERTISSEMENT

Ce guide est destiné à vous faire découvrir une race. Pour élever un chien qui, s'il est mal dressé, peut devenir dangereux, il est nécessaire de connaître à fond le tempérament caractéristique de sa race ainsi que les principes généraux de la psychologie et du comportement canin.
Nous conseillons donc à nos lecteurs d'approfondir le plus possible ces sujets en s'appuyant sur des ouvrages spécialisés et en s'informant auprès de personnes compétentes et expérimentées, à la fois pour comprendre le caractère de leur chien et, en cas de problèmes spécifiques, pour obtenir les informations les plus complètes et les plus à jour possible.
Nous recommandons vivement de ne pas permettre aux enfants de jouer avec les chiens sans surveillance directe de la part du maître.

L'éditeur remercie Monsieur Bruno Facq, Vice-Président du Retriever Club de France, pour son aide précieuse

À Guia

Je remercie particulièrement mes amis éleveurs italiens et étrangers qui m'ont fourni de précieux conseils et prêté des photographies.

En couverture : grande photo © Lanceau/Cogis ;
petites photos à partir de la gauche © Lanceau/Cogis, Paola Visintini, Gauzargues/Cogis

Les photos de l'intérieur sont de l'auteur, sauf indication contraire

Traduction : Frédéric Delacourt

INTRODUCTION

Longtemps méconnu, le Golden retriever figure désormais depuis quelques années parmi les cinq races canines les plus populaires dans de très nombreux pays d'Europe, Scandinavie comprise, ainsi qu'en Amérique du Nord et en Australie. Son succès provient clairement de l'image de « compagnon idéal » qu'il a acquise au fil du temps et qui se confirme dans les faits. C'est en effet un chien actif et facile à dresser, au tempérament équilibré et plein de vie, qui n'a pas de problèmes de comportement ni d'agressivité. Il est donc très adapté aux enfants. Enfin, et cela n'est pas négligeable, il présente un aspect très attirant.
Naturellement, toute médaille

Photo de groupe dans l'élevage Kukkola (photo et propr. Élevage Kukkola)

a son revers et la popularité croissante de cette race, sans aucun doute un peu trop soudaine, a suscité l'intérêt de personnes peu scrupuleuses, plus désireuses de vendre des chiots à des prix exorbitants que de les élever avec compétence, sérieux et passion. La cynophilie – entendue dans le sens large du terme – a donc finalement découvert les qualités et la beauté de cette race canine « méconnue» pendant trop d'années, mais les problèmes ne manquent pas. Il suffit en effet de se promener en ville ou dans un parc pour rencontrer non seulement des Golden retrievers très typiques mais aussi des chiens qui rappellent parfois de très loin les exemplaires de cette race. Ce sont des chiens aux provenances les plus diverses, la plupart du temps très cher payés par un propriétaire ignorant qui, « pressé » de posséder un Golden, l'a acheté chez des commerçants sans scrupules ou des éleveurs improvisés, qui n'ont souvent à leur tour pas la moindre idée de ce qu'est réellement un chien de cette race. Un phénomène de ce genre était certainement inévitable compte tenu de la diffusion soudaine de cette race mais il faut espérer qu'avec le temps les choses rentreront dans l'ordre.

Espérons que le sommet de la popularité du Golden a été atteint et qu'à l'avenir on pourra assister à une « saine » consolidation, en prenant de nouveau comme point de départ les chiens d'élevage ! Cela est d'autant plus important que, comme les autres races, le Golden retriever peut être sujet à des maladies héréditaires ou connaître d'autres problèmes que seule une sélection soigneuse et attentive en élevage peut éliminer ou tout du moins maintenir à des niveaux physiologiques. De plus, si le Golden présente de multiples aspects positifs, cela ne signifie pas pour autant que ce soit un chien adapté à tous. Il s'agit en effet d'un chien né pour la chasse et qui a donc besoin de faire quotidiennement de l'exercice. Sa taille reste tout de même imposante et son besoin de contact avec l'homme fait de lui un chien peu approprié aux gens sédentaires, qui vont l'enfermer toute la journée dans un jardin ou, pire, dans un appartement. Les personnes qui négligeraient ces aspects risqueraient de se retrouver, au bout d'un certain temps, avec un chien névrosé, malheureux ou déprimé, très éloigné du compagnon plein de joie de vivre qu'est normalement un Golden en bonne santé physique et psychique.

Photo de groupe dans l'élevage Dreamylake (photo et propr. Élevage Dreamylake)

L'HISTOIRE DE LA RACE

LES ORIGINES

Si on la compare à celle d'autres races, l'origine du Golden est assez récente puisqu'elle remonte seulement à la deuxième moitié du dix-neuvième siècle.
Paradoxalement, l'origine réelle de la race est restée entourée de mystère pendant plusieurs années et c'est une version « romantique » qui a prévalu jusqu'à une époque relativement récente.
Toutefois, dans les deux versions, le protagoniste est toujours le gentilhomme anglais Sir Dudley Coutts Marjoribanks, devenu ensuite Lord Tweedmouth. Considéré comme un stéréotype du *gentleman farmer* anglais par les chroniques, cet éleveur passionné de différentes espèces d'animaux, et en particulier des chiens, cultivait sa passion dans son domaine de Guisachan en Écosse.

Archie Marjoribanks, le plus jeune fils de Lord Tweedmouth, avec la chienne retriever jaune Lady (année 1891). Photo tirée du livre *The Golden retriever Second Book of Champions*, avec l'aimable autorisation de Mrs Valerie Foss

Avant de poursuivre cette histoire de la race, il est cependant utile de comprendre les raisons qui, au cours de la deuxième moitié du dix-neuvième siècle, pouvaient conduire un chasseur et éleveur à rechercher un type de chien différent pour ses activités.
Jusqu'à cette époque, la chasse aux volatiles s'effectuait avec des fusils anciens, qui se chargeaient par la bouche. Ils nécessitaient de longs chargements, ce qui permettait d'abattre seulement quelques têtes par battue. L'évolution de la technique, qui s'est traduite par l'arrivée des fusils à cartouches, a néces-

sité la présence d'un aide pour le chasseur qui soit capable de rapporter rapidement un grand nombre de gibier.
En dehors de cet aspect, la chasse est devenue une activité sportive et de loisir pratiquée par un nombre croissant de passionnés et les battues se sont très souvent transformées en réceptions mondaines (naturellement pour quelques privilégiés). Les domaines ont commencé à rapporter de l'argent à leurs propriétaires et c'est ainsi que beaucoup d'entre eux ont essayé de sélectionner des chiens qui présentent des caractéristiques d'aptitude au rapport particulières et de les fixer si possible chez leurs descendants.
Selon la version « romantique », Lord Tweedmouth aurait eu l'occasion d'admirer un groupe de chiens amenés en Angleterre à la suite d'un cirque russe. Frappé par leur aspect et leur aptitude au dressage, il aurait décidé de tous les acheter pour qu'ils se consacrent à la chasse dans son domaine.
Cette version, colportée pendant des décennies par des éleveurs réputés, a été considérée comme la bonne jusqu'en 1952, date à laquelle les faits qui se sont réellement déroulés à Guisachan ont été finalement révélés.
Cette année-là, l'arrière-petit-

Vue du domaine de Guisachan, Écosse

fils de Lord Tweedmouth, Lord Ilchester, écrivit un article dans la revue anglaise *Country Life* qui expliquait que l'histoire de l'origine russe des Golden retrievers était invraisemblable. Il appuyait ses propos par les registres d'élevage tenus méticuleusement par son grand-oncle qui démontraient que la première portée de chiens fut obtenue en juin 1868, selon une genèse totalement différente de celle que l'on connaissait jusqu'à présent.

Cette révélation fut confirmée officiellement par la suite grâce à l'œuvre d'Elma Stonex, présidente du Golden retriever Club pendant presque une décennie. Avec la collaboration de Lord Ilchester, Elma Stonex a pu consulter les registres d'élevage dans lesquels Lord Tweedmouth avait noté scrupuleusement les accouplements et les portées. Elle a ainsi procédé à la reconstitution des premières années de la race et on sait maintenant que c'est un retriever jaune à poil ondulé appelé Nous qui représente la souche d'origine. Lord Tweedmouth avait reçu ce chien d'un cordonnier de Brighton, qui l'avait lui-même obtenu d'un garde-chasse de Lord Chichester.

De retour à Guisachan, Lord Tweedmouth accoupla Nous à une chienne Tweed water spaniel appelée Bell, obtenant avec cette portée les tout premiers Golden retrievers.

Le Tweed water spaniel est une race aujourd'hui disparue, dont on n'a conservé que quelques représentations approximatives sur des gravures et de rares informations. Naturellement, comme cela se produisait souvent avant l'apparition de la zoologie canine, ce nom désignait différentes typologies de chiens qui avaient quelques traits en commun. On sait simplement qu'ils étaient originaires des hauteurs de la région nommée Tweed, que leur couleur allait du foie au paille et que leur poil était frisé et imperméable.

Ces chiens descendaient probablement à leur tour de chiens d'eau appelés Northumbrian water dogs qui étaient répandus dans la zone côtière de l'Angleterre. Comme d'autres races originaires des bords de mer, disparues ou encore présentes, ils étaient généralement utilisés pour la pêche ou pour tirer les bateaux sur la berge.

Lord Tweedmouth fut vraiment un précurseur des conceptions modernes de l'élevage. En effet, non seulement il nota minutieusement tous les accouplements qui concernaient la nouvelle race (ce qui recouvre une période allant de 1868, date de la première portée Nous/Belle, à 1889), mais lors des accouplements suivants, il respecta toujours la notion de *linebreeding*, hormis quelques cas d'*outcross* (voir page 146).

La portée Nous/Belle donna deux femelles, Cowslip et Primrose. Une troisième femelle, Ada, fut donnée au comte d'Ilchester, ce qui permit de fonder la lignée du même nom, identifiée plus tard par le préfixe Melbury.

Le seul mâle de la portée, Crocus, fut donné au fils aîné de Lord Tweedmouth, Edward.

Cowslip fut accouplée à Tweed, un autre Tweed water spaniel, fils de la même mère que Belle et cette portée donna la femelle Topsy.

Topsy fut à son tour accouplée à Sambo, qui était probablement un Flat ou un Wavy coated retriever de couleur noire et cette portée donna la femelle Zoe.

Cowslip fut accouplée une deuxième fois à un Setter roux appartenant au fils de

Lord Tweedmouth. Cette portée, née en 1875, donna Jack, un mâle et Jill, une femelle. En 1884, Jack et Zoe eurent une portée qui donna quatre retrievers de couleur sable, parmi lesquels un mâle, Nous II et une femelle, Gill II. L'union de Gill II et d'un Flat ou d'un Wavy coated retriever de couleur noire, appelé Tracer, donna dix chiots, tous de couleur noire. Un de ces chiots, une femelle appelée Queenie, fut gardée dans un élevage puis accouplée avec Nous II, donnant naissance, en 1889, à deux femelles retrievers de couleur sable, Prim et Rose.
Ces deux chiens sont les derniers à avoir été enregistrés dans les livres d'élevage de Lord Tweedmouth. Le Kennel Club anglais fit en 1960 des recherches d'Elma Stonex la version officielle de l'origine de la race, une décision suivie deux années plus tard par l'American Kennel Club.

Nous II avec un garde-chasse de Guisachan (année 1885)

L'ÉVOLUTION DE LA RACE

Jusqu'en 1913, les Golden retrievers ne disposaient pas de leur propre registre auprès du Kennel Club anglais parce qu'ils étaient considérés comme une variante de couleur du Flat ou du Wavy coated retriever.
À partir de cette année-là, grâce au travail d'un groupe de passionnés, le Golden fut enregistré séparément sous le nom de « Golden ou Yellow retriever » et c'est en 1920 que la dénomination définitive de « Golden retriever » fut adoptée.
C'est également en 1913 que fut fondé le Golden Retriever Club, une association à qui l'on doit la première version du standard. Le début de l'enregistrement des naissances date de cette période, tout comme la consolidation des premiers élevages qui joueront un rôle fondamental dans l'évolution future de la race. Parmi ces derniers, trois d'entre eux peuvent être considérés comme les véritables souches : CULHAM, INGESTRE et NORAMBY.

Culham Brass (né en 1904) effectue un rapport. Photo tirée du livre *The Golden retriever Second Book of Champions*, avec l'aimable autorisation de Mrs Valerie Foss

Le Culham Kennel, appartenant à Lord Hartcourt, possédait les chiens qui eurent non seulement une grande importance pour l'évolution de la race mais qui furent également parmi les premiers à participer aux expositions de beauté. Culham Copper remporta en 1911 un premier prix au Crufts puis Culham Brass, Culham Tip, Culham Rossa et Culham Flame connurent aussi d'autres succès.
Dans l'élevage Ingestre, Ingestre Scamp et Ingestre Tyne ressortent du lot. Leur accouplement donna Yellow Nell, Beena (qui eut Culham Tip après son accouplement avec Culham Copper), Noramby Dandelion, Ingestre Luna, Ingestre Dred, Ingestre Tweed et Ingestre Dolly.
L'accouplement de la chienne Noramby Beauty de Mrs Charlesworth, au pedigree incertain, avec Culham Brass donna Noramby Balfour. Ensuite, accouplée avec le fils de Culham Brass, Copper, elle donna le premier champion de la race, Noramby Campfire. Mrs Charlesworth éleva également le fils de Yellow Nell, Noramby Sandy, qui fut le premier Golden à remporter un prix dans un *field trial*, c'est-à-dire une épreuve de travail. Il faut remarquer que la première production de Mrs Charlesworth fut enregistrée au début sous l'appellation « Normanby » et seulement à partir de 1912 sous le nom qui l'a rendue célèbre.
Il est également important d'observer que tous les chiens de ces élevages étaient des descendants des « retrievers jaunes » de Lord Tweedmouth. Pour la période antérieure aux années vingt, OTTERSAW, ABBOTS et HEYDOWN furent d'autres élevages significatifs. Dans les années trente, les élevages WOOLEY, SPEEDWEEL, YELME, SUNDAWN, TORRDALE, ALDGROVE, STUBBING ainsi que DORCAS de Mrs Stonex eurent une grande importance.
La description détaillée de l'évolution du Golden entre les deux guerres mondiales

Les sigles des champions

Ces explications sont indispensables pour comprendre les sigles qui accompagnent les noms des nombreux chiens que nous allons citer.

Sh. Ch. : le *Show Champion* est l'équivalent de notre champion de beauté. Pour décrocher ce titre, il faut obtenir trois CC (abréviation de *Challenge Certificate*), que l'on ne peut obtenir que dans un *Championship show*. Il faut savoir que dans les expositions en Grande-Bretagne, le CC n'est pas réservé à certaines classes, mais qu'il s'adresse aux deux chiens jugés respectivement meilleur mâle et meilleure femelle. C'est la raison pour laquelle un chien peut parvenir à collectionner plusieurs dizaines de CC au cours de sa carrière de compétiteur.

Ft. Ch. : *Field Trial Champion*, c'est-à-dire champion de travail. Pour obtenir ce titre, le chien doit avoir remporté une épreuve de championnat ou plusieurs épreuves « open » (le nombre de résultats requis change si l'épreuve est ouverte à douze ou à vingt-quatre participants). Il faut rappeler que le nombre de chiens inscrits aux épreuves est toujours supérieur au nombre de places mises en jeu et il est donc souvent nécessaire d'avoir recours à un tirage au sort préliminaire.

Ch. : *Champion*, cela désigne le chien qui a remporté trois CC en exposition mais aussi un certificat d'aptitude à un field trial. Ce titre revient aussi à celui qui a obtenu un certificat de travail à l'issue des épreuves au cours desquelles on évalue l'aptitude du chien au travail sans que cela ne soit pris en compte pour le classement.

Dual Ch. : il s'agit pratiquement d'un champion absolu puisqu'il a obtenu le titre de champion de *field trial* et de champion d'exposition.

serait trop longue et il est préférable de la laisser aux historiens de la race qui ont sur ce sujet écrit des œuvres minutieuses et absolument complètes. Plus récemment, après le deuxième conflit mondial, la situation de la race se distinguait par une multiplicité de types due aux vicissitudes des années terribles de la guerre et à l'absence d'exposition, le lieu de confrontation habituel et nécessaire des éleveurs.

Cette situation se réfère naturellement à la Grande-Bretagne qui détenait jusqu'alors l'exclusivité presque totale de la race, étant donné que la présence du Golden retriever dans d'autres pays était vraiment sporadique et tout à fait négligeable du point de vue de l'élevage. La période qui suivit le conflit a vu une grande augmentation de la popularité de la race, contribuant ainsi grandement à l'amélioration de son niveau et au retour à des standards de qualité élevée. À partir de cette époque, la distinction entre lignées de travail et lignées de beauté a commencé à devenir plus marquée. Cet aspect sera approfondi dans le chapitre consacré au standard, mais nous pouvons d'ores et déjà observer que dans la patrie d'origine du Golden, cette différenciation est encore aujourd'hui très prononcée. Ainsi, la présence de sujets *dual purpose*, c'est-à-dire capables de bien figurer à la fois dans des expositions et en *field trial*, constitue l'exception.

Les élevages et les chiens les plus significatifs des cinquante dernières années

De nombreux élevages, étalons et reproductrices ont laissé leur empreinte dans la race en apportant des caractéristiques qui ont permis, à travers leur descendance, de former le type moderne du Golden. Pour des raisons évidentes de place, il est impossible de les prendre tous en considération et on ne peut pas non plus citer l'ensemble des chiens qui se sont distingués d'une façon ou d'une autre. Si vous souhaitez approfondir ce sujet, nous vous conseillons la lecture des nombreux ouvrages, dont certains assez récents, qui dressent la liste des pedigrees de tous les champions anglais de l'origine de la race à nos jours. Naturellement, il arrive très souvent que les lignées

typiques de plusieurs élevages se mêlent de façon considérable. Ainsi, si l'on reconstitue deux pedigrees de chiens actuels sur six ou sept générations, on retrouve souvent un grand nombre de traits communs.
Comme nous l'avons vu, l'élevage DORCAS de Mrs Stonex occupait déjà une grande place avant la Seconde Guerre, mais il a ensuite de nouveau donné à la race quelques-uns de ses sujets les plus importants.
Le premier d'entre eux est sans aucun doute Dorcas Bruin, le fils de la chienne fondatrice de l'élevage SALLY OF PEROT, que seules les vicissitudes de la guerre ont empêché de remporter le titre mérité de champion.
Ses deux fils, Ch. Dorcas Glorious of Slat et Dorcas Timberscombe Topper, n'ont en revanche pas manqué d'être reconnus. Ils ont en effet remporté respectivement trois fois et deux fois le titre de meilleur étalon.
Parmi la descendance du premier, on peut rappeler Ch. David of Westley, qui a été champion anglais et irlandais d'exposition et travail, ainsi que trois autres champions de *field trial*.
Parmi les fils de Timberscombe Topper, il faut citer le Ch. Kolahoi Willow of Westley, la Ch. Sally of Westley et le Ch. Camrose Fantango.
Un autre élevage significatif, qui s'est distingué aussi bien avant qu'après-guerre, a été celui de TORRDALE. En plus de l'étalon Ch. Torrdale Happy Lad, premier vainqueur d'un *best in show* de l'après-guerre, il faut rappeler Torrdale Tinker qui, en compagnie du Sh. Ch. Torrdale Kim of Stenbury, a été à l'origine de la célèbre lignée STENBURY de Mrs E. Minter. Stenbury a produit un nombre impressionnant de championnes, mais malheureusement la conception de l'élevage qui distinguait

Ch. Camrose Fantango (élev. et propr. Tudor, photo Fall)

Mrs Minter n'a pas inspiré beaucoup d'autres éleveurs. On peut rappeler la Sh. Ch. Waterwitch of Stenbury et sa fille Ch. Watersprite of Stenbury, ainsi que la Sh. Ch. Waterwitchery of Stenbury, Sh. Ch. Watersonnet of Stenbury et, plus récemment, la Ch. Nomis Portia of Stenbury et ses filles Sh. Ch. Stenbury Seasonnet, Sh. Ch Stenbury Sea Laughter, Sh. Ch. Stenbury Sea O'Dream, ainsi que son fils Ch. Stenbury Sea Tristram of Camrose.

Un fils très important de Torrdale Kim of Stenbury fut Boltby Kymba, élevé par Mr Barwise (Beauchasse) père à son tour de deux étalons importants, le Ch. Boltby Skylon et le Ch. Boltby Moonraker, qui a donné la meilleure lignée de l'élevage BOLTBY de Mrs R. Harrison.

Parmi la descendance de Skylon, il est intéressant de rappeler la Sh. Ch. Waterwitch of Stenbury, la Sh. Ch. Waterwitchery of Stenbury (cette dernière fut le fruit d'un accouplement entre Skylon et sa première fille Waterwitch) et la Sh. Ch. Boltby Sugar Bush.

Parmi la descendance de Moonraker, on peut rappeler la Ch. Boltby Annabel et la Sh. Ch. Watersprite of Stenbury.

Les autres élevages importants de cette période, entre la fin de la Seconde Guerre mondiale et le début des années soixante, ont été YELME, DEERFLITE (rappelons la Sh. Ch. Deerflite Rainfall, mère du champion Ch. Deerflite Endeavour of Yeo) et BEAUCHASSE. Comme nous l'avons déjà rappelé, c'est dans ce dernier que Boltby Kimba a été élevé et que Beauchasse Jason, père du champion et reproducteur important Ch. Int. Cabus Cadet, a été produit, ainsi que d'autres champions...

L'élevage CABUS de Mrs Moriarty (puis de Mrs Mor-

Ch. Int. Cabus Cadet (élev. Harding, propr. Morgan) et, au premier plan, Ch. Int. Cabus Boltby Combine (élev. Harrison, propr. Morgan, photo Roslin Williams)

Ch. Deerflite Endeavour of Yeo (élev. Barrow, propr. Sawtell)

Ch. Camrose Cabus Christopher, un des plus importants étalons de l'âge moderne du Golden (élev. Moriarty, propr. Tudor, photo Pearce)

Ch. Stolford Happy Lad, vainqueur de dix-neuf CC et de dix-neuf res. CC (élev. Ranger, propr. Robertson)

gan) a donné en particulier des exemplaires mâles.
Hormis Cabus Cadet, on ne peut pas oublier son fils, Ch. Int. Cabus Bolbty Combine, et le Ch. Cabus Janville Defender. L'union entre la fille de Cadet, Cabus Boltby Charmer et le Ch. Camrose Tallyrand of Anbria a donné le célèbre Ch. Camrose Cabus Christopher, dont nous parlerons plus loin.
L'élevage ANBRIA de Mrs Barron a produit, outre le célèbre Tallyrand, la Ch. Jane of Anbria, la Ch. Miranda of Anbria et le Sh. Ch. Anbria Tantalus, ainsi que plusieurs vainqueurs de *field trial*.
L'élevage YEO de Mrs L. Sawtell a toujours montré de l'intérêt pour des lignées d'exposition comme de travail. Il a donné naissance à deux champions de *field trial*, Musicmaker of Yeo et HolvayFlush of Yeo. Entre le premier champion Ch. Masterpiece of Yeo, de 1942, et le dernier, Sh. Ch. Yeo Gold Medallion, né en 1992, Mrs Sawtell en a produit beaucoup d'autres, dont certains ont été d'une grande importance pour la race.

Sh. Ch. Gyrima Pipparetta (élev. et propr. Timson, photo Pearce)

L'élevage STOLFORD de Mrs Robertson a produit non seulement la Sh. Ch. Stolford Samal et le Sh. Ch. Samdor Stolford Samarkand, mais aussi le Ch. Stolford Happy Lad, qui était un reproducteur très important et qui a remporté dix-neuf CC.

L'élevage GYRIMA de Mrs Timson, prématurément disparue, a donné naissance dans un laps de temps relativement court à un certain nombre de champions, parmi lesquels trois femelles : Ch. Gyrima Pippalina, Sh. Ch. Gyrima Pipparetta et Ch. Gyrima Pipparanda, provenant toutes de la même portée issue de Styal Sonnet of Gyrima et de Ch. Camrose Cabus Christopher.

Parmi les élevages qui ont eu le plus d'influence pour la race à partir des années soixante, deux d'entre eux ont particulièrement marqué l'évolution d'une grande partie des Golden retrievers actuels.

L'élevage WESTLEY de Miss Joan Gill a débuté en 1936 avec un chien reçu comme cadeau d'anniversaire, Simon of Brookshill. Il donna naissance à Westley Frolic of Yelme, une chienne qui donna à son tour le mâle Ch. Simon of Westley (vainqueur d'un *field trial* et de vingt et un CC), la femelle Ch. Sally of Westley et le mâle Kolahoi Willow of Westley. Rien qu'en Grande-Bretagne, cet élevage produisit vingt-sept champions. Parmi eux, on peut rappeler l'unique Int. Dual Ch. de la race, David of Westley, la Ch. Pippa of Westley (dix-sept CC) et la femelle Ch. Sally of Westley (neuf CC).

Après le partenariat entre Miss Jill et Mrs Philpott, l'affixe WESTLEY a continué à produire un nombre vraiment considérable de champions. La Ch. Westley Victoria (fille du Ch. Sansue Camrose Phoenix et de la Ch. Westley Jacquetta) a été notamment la mère de huit champions, remportant ainsi le titre encore inégalé de meilleure reproductrice de la race. En parcourant leurs noms, tous ceux qui connaissent ne serait-ce qu'un peu les lignées sanguines du Golden actuel peuvent comprendre quelle a été l'importance de cette chienne : Sh. Ch. Westley Tartan of Buidhe, Ch. Westley Topic of Sansue, Sh. Ch. Westley Munro of Nortonwood, Ch. Westley Mabella (vingt-deux CC),

Sh. Ch. Westley Munro of Nortonwood (élev. Philpott, propr. Bradbury)

Ch. Westley Simone (élev. Philpott, propr. Foss/Troedsson)

Ch. Westley Martha et Westley Mabella (élev. Philpott, propr. Gill/Philpott)

Ch. Camrose Nicolas of Westley (élev. Tudor, propr. Jill, photo Fall)

Ch. Camrose Wistura (élev. et propr. Tudor, photo Fall)

Ch. Westley Martha, Sh. Ch. Westley Simone (vingt CC), Ch. Westley Samuel, Sh. Ch. Westley Sophia of Papeta.
Miss Jill et Mrs Philpott ont également, avec les chiens de lignée de travail distingués par l'affixe STANDERWICK, recueilli des succès significatifs, parmi lesquels de nombreuses victoires en *field trial* et cinq champions de la même spécialité, dont la Ft. Ch. Standerwick Thomasina.
L'autre élevage qu'il est impossible d'ignorer dans la courte histoire de la race est CAMROSE, de Mrs J. Tudor.
La chienne fondatrice Golden Camrose Tess, qui n'a pourtant remporté qu'un seul CC, a été une des reproductrices les plus importantes de la race. Mrs Tudor a ainsi obtenu un de ses plus grands étalons, Ch. Camrose Fantango. Il a produit à son tour la Ch. Camrose Tantara, mère de Ch. Camrose Jessica dont le fils le plus illustre, après un accouplement avec le Ch. William of Westley, a été le Ch. Camrose Nicols of Westley (vingt CC et vainqueur de *field trial*). Tantara a également donné le Ch. Camrose Lucius (onze CC) et la Ch. Camrose Loretta.
La fille de cette dernière, Camrose Wistansy, après son accouplement avec le Ch. Cabus Cadet, a donné naissance à trois champions dans une même portée : Ch. Sansue Camrose Phoenix, Ch. Camrose Pruella of Davern et Ch. Camrose Psyche of Vementry.
Le fils le plus important de Fantango est certainement le Ch. Camrose Tallyrand of Anbria (seize CC), qui après un accouplement avec Cabus Boltby Charmer, a donné naissance, dans une première portée, à Ch. Cabus Caruso puis, environ un an plus tard avec la même reproductrice, à l'étalon moderne le plus important, Ch. Camrose Cabus Christopher.
Christopher a non seulement été pendant de longues années le chien ayant obtenu le plus grand nombre de CC (quarante et un) et celui qui a produit vingt-six champions en Grande-Bretagne, mais il a aussi marqué de façon capitale le type du Golden retriever à partir de la fin des années soixante. En effet, selon un classement effectué il y a quelques années, il a été reconnu comme l'étalon (entre toutes les races) qui a produit le plus grand nombre de descendants au cours de l'âge moderne de la cynophilie anglaise.

Ch. Camrose Fabius Tarquin (élev. et propr. Tudor, photo Garwood)

Ch. Styal Susila (élev., propr. et photo Hinks)

Ch. Styal Scott of Glengilde, titulaire du record du plus grand nombre de CC remportés (quarante-deux) (élev. Hinks, propr. Scholes, photo Dalton)

Ch. Styal Stefanie of Camrose, titulaire du record féminin (encore valable) du plus grand nombre de CC obtenus par la race en Grande-Bretagne (vingt-sept) (élev. Hinks, propr. Tudor/Wilcock, photo Garwood)

Sh. Ch. Davern Josephine (élev. Lowe, propr. Beck, photo Garwood)

Le fils de Christopher, Ch. Camrose Fabius Tarquin, vainqueur de vingt CC, a été un autre étalon important de cet élevage. L'élevage STYAL de Mrs H. Hinks a donné naissance à un grand nombre de champions et beaucoup de chiens produits ont constitué un très bon départ pour plusieurs autres élevages. La championne et excellente reproductrice Ch. Styal Susila a donné les deux chiens qui détiennent actuellement le record de CC remportés : Ch. Styal Scott of Glengilde (quarante-deux) et la Ch. Styal Stefanie of Camrose (vingt-sept).

Ch. Sansue Golden Ruler (élev. et propr. Birkin, photo Bull)

Ch. Nortonwood Faunus (élev. et propr. Bradbury, photo Young)

Ch. Nortonwood Silvanus (élev. et propr. Bradbury, photo Dalton)

L'élevage DAVERN de MM. Lowe a donné de très bons sujets, surtout au cours des années soixante-dix et quatre-vingt. Parmi eux, le Ch. Davern Figaro, la Sh. Ch. Davern Rosabella et le Sh. Ch. Amirene King Eider of Davern.

SANSUE est un autre nom qui revient souvent dans de nombreux pedigrees du Golden moderne. Mrs V. Birkin a en effet produit un grand nombre de champions et beaucoup d'entre eux ont transmis leurs qualités à leur descendance. Parmi eux, il faut citer Ch. Sansue Tobias, Sh. Ch. Sansue Wrainbow, Ch. Sansue Golden Ruler.

L'élevage LINCHAEL de Mrs L. Anderson a pendant plus

AUTRES ÉLEVAGES

Voici une courte liste de quelques élevages qui se sont distingués au cours des dernières années en Grande-Bretagne.

- AMIRENE de Mrs Woods
- BRAMHILLS de Mrs Hill
- BRYANSTOWN de MM. Twist
- CARASAN de Mr Bargh
- ELSWOOD de Mrs Foss
- GAINEDA de Mrs E. Anderson
- GARBANK de MM. Crosbie
- JAMESCROFT de Mrs James
- JOBEKA de MM. Stokes
- LACONS de MM. Simister
- LORINFORD de Mrs Everett-Monks
- MELFRICKA de Mrs Hathaway
- MOORQUEST de Mrs Crick
- NINELL de Mrs Jones
- OKUS de Mrs Gilbert
- REMINGTON de Miss Gowlands
- RITZILYN de Mrs Hennessy
- ROSSBOURNE de Mrs Burnett
- STANDFAST de Mrs Caisley
- STANROPH de Mrs Woodcock
- STIRCHLEY de MM. Hall
- TOKEIDA de Mrs Nowell
- TUGWOOD de MM. Axe

Nationale d'élevage, 1999 à Longchamps. © Gauzargues/Cogis

Champion d'Europe, Eurodog 2002, Paudell Pure Passion, à Cathy Sonntag. © Français/Cogis

de trente ans poursuivi la production de sujets de très bon niveau. Rappelons les Sh. Ch. Linchael Cartier of Gloi et Sh. Ch. Linchael Conspirancy of Chevanne.
NORTONWOOD est un autre nom familier pour tous ceux qui connaissent ne serait-ce qu'un peu les pedigrees de Golden retrievers.
Cet élevage de Ron et Madge Bradbury a donné quelques-uns des étalons les plus importants de ces dernières années : le Ch. Nortonwood Faunus (vainqueur de treize CC puis, en suivant les traces de son père, le déjà cité Ch. Camrose Cabus Christopher, géniteur à son tour de dix-neuf champions anglais), le Sh. Ch. Nortonwood Checkmate, le Sh. Ch. Nortonwood Silvanus et la Sh. Ch. Nortonwood Canella. Leur meilleur chien au cours de ces dernières années a été le fils de Silvanus, Sh. Ch. Jobeka Jasper of Nortonwood.
En ce qui concerne les élevages spécialisés dans les lignées de travail, l'élevage HOLWAY de Mrs J. Atkinson représente un cas réellement à part. Depuis l'après-guerre, il y a eu plus de vingt-cinq champions de *field trial* possédant cet affixe. Ces résultats sont encore plus surprenants quand on sait que la majorité des éleveurs gagnent une grande réputation s'ils parviennent à élever ne serait-ce qu'un champion. Si l'on considère que Mrs Atkinson a également été la dresseuse et la conductrice en compétition de la plupart de ses chiens, on peut affirmer sans aucun doute que son record sera difficile à égaler.

LE GOLDEN EN EUROPE

Avec la collaboration de Stefania Tamanini

Nous avons déjà eu l'occasion de souligner que la diffusion du Golden s'est progressivement élargie en dehors de son pays d'origine.
En Europe comme aux États-Unis, le Golden a commencé à jouir d'une grande popularité à partir des années cinquante, en particulier en Scandinavie et dans les pays du nord de l'Europe : Pays-Bas, Belgique, Danemark et Allemagne.
L'élevage et la diffusion du Golden sont importants en Suède, en Finlande et en Norvège. Après avoir importé des sujets de Grande-Bretagne (une pratique qui existe toujours), ces trois pays ont obtenu un niveau d'excellence de la race. Les éleveurs apportent d'ailleurs une plus grande attention à la question des maladies héréditaires que ce que l'on observe dans la patrie d'origine de la race.

En **SUÈDE**, à part quelques apparitions sporadiques dans les années trente, le début de l'élevage sur des bases correctes est lié à l'importation dans les années cinquante de Barthill Fanny, du Ch. Stubblesdown Tinker et de Count Leo of Little Compton.
Vers la fin des années soixante, trois élevages se sont concurrencés en Suède : Dainty, Knegaren et Dewmist. DAINTY, fondé en 1968 à la suite de l'acquisition de la femelle Apport's Dainty, a donné naissance à des sujets importants. Ces derniers ont été également obtenus en ayant recours à l'insémination artificielle, grâce au sperme congelé provenant respectivement des deux champions anglais et danois Amirene King Eider of Davern et Nortonwood Silvanus. L'étalon anglais Shanlimore Falcon (élev. Mrs Edwards – Royaume-Uni) a produit, au fil des ans, de nombreux chiots vainqueurs de CC et a été proclamé Stud Dog en 1999 en Suède. Parmi sa descendance, rappelons sa fille Daitny's Carbon Copy, qui a remporté trois CC mais qui a surtout été la mère de nombreux chiens qui se sont distingués sur les rings suédois.
L'élevage KNEGAREN, dont nous pouvons citer Stars'n Stripes et Shine'n Sparkle, plusieurs fois champions, a importé au début des années quatre-vingt, avec Henric Frickstrand, deux étalons anglais importants, Styal Samarkand et Sansue Golden Arrow (frère du Ch. Sansue Golden Ruler), qui ont ensuite obtenu les titres de champion. Ces deux chiens ont laissé une forte empreinte sur les lignées suédoises dans les années qui suivirent. Stanroph Sweet Sensation, toujours en provenance de Grande-Bretagne, s'est également montrée une très bonne reproductrice, en étant notamment la mère de Knegarens Tarantella.
DEWMIST, qui détient le record enviable de plus de trois cents CC remportés dans le monde entier et quarante-deux champions produits dans l'élevage, a débuté avec deux femelles Apports, sui-

vies de très bonnes importations anglaises en provenance des lignées Sansue et Styal. Parmi les chiens produits, rappelons la championne Dewmist Solitarie, mère notamment des deux frères Ch. Dewmist Swinging on a Star et Ch. Dewmist Sky is the Limit, du Ch. Dewmist Sacramento et de la Top Brood Bitch de l'élevage, Ch. Dewmist Shade of Pale. Au cours de ces dernières années, le mâle anglais Ch. Marjamez Masterpiece (fils du Ch. Elswood the Highlander) et Ch. Styal Silksilla se sont imposés en Suède en remportant de nombreux BOB. En 2001, le plus grand résultat de cet élevage a été obtenu aux États-Unis par Dewmist Dallingho qui est parvenu à décrocher le titre de champion américain, ce qui n'était pas arrivé à un étalon importé d'Europe depuis dix ans.

Il faut également évoquer l'élevage DREAM MAX, qui a importé l'étalon Nortonwood Secreto et l'actuel Blakesley Cromwell (Top Gundog pour 1996), titré à plusieurs reprises. L'élevage Cheers a produit les deux frères Ch. Cheerse What's New et Ch. Cheerse Way of the World et l'étalon anglais Ch. Shanlimore Baronet, qui a été un des Top Dogs en Norvège. De plus, l'élevage INASSICA, fondé en 1974 par des lignées suédoises après l'acquisition de deux étalons importants, Dewmist Secret Service et Sandusky Klammer, a été à l'origine d'une lignée qui se distingue encore aujourd'hui sur les rings.

Le Nordu Ch. Inassicas Song of Songs (fils de Shanlimore Falcon) s'est imposé au cours des deux dernières années en remportant de nombreux CC en France (où il est resté en station de monte avec Mme Terlinder – élev. OF GLEN SHEALLAG) ainsi qu'en Suède. Enfin, nous pouvons ajouter

Ch. Fin. Karvin Paloma Blanca (élev. et propr. Karves) et, à droite, Ch. Fin. Gunhills Summer Day (élev. Rains, propr. Roefs De Kok, photo Frickstrand)

© Français/Cogis

© Hermeline/Cogis

Ch. Norv. et Lux. Waterloo Rock Around the Clock (propr. et photo Terlinden)

parmi les élevages les plus importants, FESTIVAL, FRIENDSHIP, FLOPRYM, GRACELINE, COMBINE, RESPONS.

Ch. Norv. Mjaerumhogda Crusader (élev. et propr. Mjaerum)

La **FINLANDE** a au début pu compter sur la proximité de la Suède pour développer une production de Golden de grande qualité. Ensuite, le pays a également fait appel à différentes importations en provenance de la patrie d'origine de la race. Parmi les élevages les plus importants, rappelons, dans l'ordre chronologique : WOODHILL, REFLECT, MAJIK et KARVIN, ce dernier étant la propriété de Helena et de Haidi Karves (mère et fille). Le premier Golden fut acheté par Mme Helena Karves en 1977, fas-

cinée par cette race après avoir jugé un exemplaire au travail lors d'un *working test*. À l'époque, les Golden retrievers étaient peu fréquents en Finlande : la première portée Karvin est née d'une femelle suédoise fille du champion Chapter of Yeo.
Parmi les importations qui eurent lieu au cours des années suivantes, rappelons Ch. Linchael Ravel, Gunhills Dalbury, Ch. Almerak Piper Dreams et Ch. Kerrien Raleigh (père de l'Int. Et Hr Ch. Karvin Zaicca). En ce qui concerne les chiens élevés, il faut citer la Ch. Fin Karvin Palma O'Blanca (Top Golden de 1992 à 1995) et le dernier JW 2001 Karvin Mary Poppins. Avec cinquante-sept champions produits, l'élevage Karvin détient le titre de Top Breeder et de Top Stud Dog dans ce pays.

En **NORVÈGE**, l'activité d'élevage commence dans les années soixante avec des importations de sujets provenant des élevages anglais CAMROSE, SANSUE, BOLTBY et CABUS.
Nous pouvons mentionner en particulier l'élevage WATERLOO, à l'origine du Ch. Waterloo Rock Around the Clock, qui a également obtenu de nombreux succès sur le continent, et l'élevage MJAERUMHOGDA qui, à partir d'une importation initiale représentée par le Ch. Camrose Voravey, a donné naissance à plus de cinquante champions. Par la suite, il a également réussi à obtenir des succès même en Grande-Bretagne avec le Ch. Mjaerumhogda Crusader.

Le premier Golden n'est apparu au **DANEMARK** que vers la fin des années cinquante. Ensuite, la race a connu un grand développement grâce à une série d'importations en provenance de Grande-Bretagne, notamment des élevages Camrose, Anbria, Westley et plus tard Sansue et Lacons. Parmi les élevages danois les plus significatifs, rappelons WESSEX, RIIS, WOODSTAR, AMBER BAY et TALLYGOLD. Ce dernier, fondé dans les années

Ch. Int., Belg. et Lux. Wheaton's Patton (élev. propr. et photo Bertel)

Cinq champions de l'élevage suisse Chivas (photo Barthelemy) Ch. Int., Belg. et Lux. Wheaton's Patton (élev., propr. et photo Bertel)

soixante par Mme M. Holm Hansen, s'est imposé grâce à l'importation de chiens anglais comme le Ch. Crouchers Xavier, le Ch. Camillo et, récemment, les frères Stenbury Waterwizard et Waterwingshot.

C'est dans ces deux pays d'Europe du Nord que la diffusion du Golden a été la plus importante, surtout si l'on tient compte de leur taille. Le Golden Retriever Club des deux pays compte ainsi plusieurs milliers d'adhérents.

De plus, s'il arrive souvent que la quantité ne garantisse pas la qualité, on remarque ici que le niveau moyen des élevages est satisfaisant, avec même quelques sujets d'excellence absolue dans les meilleurs élevages.

En **Belgique**, l'élevage Wheaton's est sans aucun doute un exemple important de *dual purpose*. Pour réussir une épreuve de travail dans ce pays, il faut beaucoup de dressage et surtout utiliser un Golden ayant de grandes qualités de chasseur. Or, cet élevage est parvenu à s'imposer avec ses propres chiens aussi bien sur les rings que lors des *field trials*. En 1984, Styal Sungleam est arrivé de l'élevage anglais de Mme Hinks et a remporté les titres de champion belge et international avant d'avoir atteint l'âge de deux ans. Son fils, Wheaton's Patton (le premier champion élevé), ainsi que les deux importations respectivement suédoise et anglaise, Ch. Dewmist Santiago et Ritzilyn Sharp Shooter, sont des chiens qui ont obtenu de grands résultats en remportant de nombreux CC, *best in show* et *field trial*.

L'élevage Of the Bridge Four a été quant à lui Top Kennel pendant huit années consécutives. Il a importé Secret Fantasy v/d Beerse Hoeve, championne reproductrice de 1995 à 1998 des Pays-Bas voisins ainsi que le Ch. Sansue Lord of the Manor de Grande-Bretagne, primé à plusieurs reprises, tous deux respectivement mère et père de la Ch. Serenade of Bridge Four (10 CACS). Le Ch. Ritzilyn Callaghan, vainqueur de 13 CACS et qualifié pour le Crufts 2001, provient également de Grande-Bretagne. Parmi les autres élevages, citons Of Lyndiewood, Du Bois du Héron et Tweednous.

Les **PAYS-BAS** sont probablement le pays d'Europe où l'on rencontre la plus grande concentration de Golden retrievers importés de Grande-Bretagne.
Les élevages qui ont obtenu d'excellents résultats sont très nombreux. OF THE HELLACIUS ACRES fait par exemple partie des plus importants, avec sa femelle fondatrice Westley Cathrina qui a donné naissance à de nombreux champions. L'accouplement entre Cathrina et Standfast Angus a donné la Ch. du monde Bibi Blues, la Ch. Blissfull et Born to Bee (4 CC). Ces champions ont été respectivement à l'origine des trois élevages les plus significatifs de la dernière décennie : VAN DE BEERSE HOEVE, propriétaire de Standfast Angus, plusieurs fois champion, et à la tête des Pays-Bas pour avoir produit trois champions du monde ; FIVESHILL, qui a obtenu des places d'honneur sur les rings avec ses chiens importés de Suède et de Grande-Bretagne ; enfin HERWILDY'S AND XANTHOUS, Top Kennel en 1999 et 2001 grâce à des chiens de son élevage comme les sœurs Ch. Xanthous Darleen et Ch. Dione ou encore le dernier en date Xanthous Ch. Cantona.
Parmi les nombreux autres élevages, nous pouvons citer JEANTON, V. H. WIEKSE VELD, SEQUINS et MIRAY'S DREAM.

La présence du Golden en **ALLEMAGNE** remonte aux années cinquante. Ensuite, la race s'est diffusée grâce à de nombreuses importations de Grande-Bretagne et du Danemark puis, plus tard, des Pays-Bas voisins.
Parmi les premiers élevages, OF MILL LANE a importé en 1976 une femelle provenant de l'élevage Camrose (Royaume-Uni) qui s'est distinguée en remportant de nombreux CC et en donnant naissance à plusieurs champions.
L'élevage *dual purpose* BALTIC GOLDENS sélectionne depuis 1971 des chiens qui s'imposent aussi bien sur les rings que dans les épreuves de travail, en utilisant des lignées anglaises comme Glenavis, Camrose et Papeta.
GOLDEN ANGEL'S OF OBERACH, de Doris et Hermann Lutz, le meilleur élevage en Allemagne depuis quelques années, a importé des sujets de Grande-Bretagne et en particulier des élevages Trewater et Hayjoy, ce dernier étant la propriété du fils des époux Bradbury (Nortonwood).
Parmi les champions produits, citons la femelle néerlandaise Passion Royal Casy fan it Nej Begijn et les étalons Trewater Godwill Garfiels, ainsi que le dernier en date, Wheatrcoft Ice Diamond, champion du monde juniors en 2001.

La **SUISSE** est un autre pays où le Golden est élevé depuis plusieurs années, avec une attention particulière portée aux problèmes liés aux pathologies héréditaires et au contrôle des aptitudes psychiques.
Parmi les nombreux élevages présents dans ce pays, nous pouvons citer : RIONDAZ, CASTELWOOD, CHIVAS, FUNNYLINE LA CHAUMINE, SEVENHILLS, DERRYBERG, WESTLAND, WOODLANE.

LE GOLDEN EN FRANCE

Par Bruno Facq

Docteur en Pharmacie, Vice-Président du Retriever Club de France et Président de la commission d'élevage Golden Retriever, juge International pour tous les Retrievers et juge Anglais (liste B) pour les Golden retrievers

En France les premiers retrievers apparus ont été des labradors en 1896 appartenant à M. le comte de Bagneux.
Les Goldens, quant à eux, firent leur apparition bien plus tard. Les premiers inscrits au LOF ont été Carina le 12 décembre 1929, et Stella d'Oro le 30 mai 1930. Ces deux chiennes appartenaient à M. le comte Jean de Bonvouloir.

En 1926, à l'exposition canine de Paris, le premier Golden retriever fut exposé. Il se prénommait Duke et appartenait à M. Wertheimer. À la 58e exposition de Paris de 1932, on recense trois Goldens dont le Champion du comte de Bonvouloir, Yellow Boy de Saint-Jean-du-Bois.
Les autres concurrents étaient Anningsley, candidate du vicomte de Quénetain, et Noramby Jeanmina appartenant à la vicomtesse de Quénetain. En 1936, à l'exposition de Championnat de France, de nouveaux chiens sont exposés : Hélios de Saint-Cyran, Speedwell Barley, Gollywog de Saint-Cyran, Icare de Saint-Cyran

Ch. It. et Club de la race Lawnwoods Wisteria, premier Golden à s'être adjugé un « regroupement de race » dans une exposition internationale (Florence 1991), sur un fond hivernal (élev. Satterthwaite, propr. Élevage Chiaroscuro)

(appartenant à Mme la vicomtesse de Quénetain) ; l'Golden Rule d'Oursières (appartenant à Mr P. Droz) et Ibis d'Oursières à M. le comte de Bonvouloir.
Entre mai et août 1932 Mme la vicomtesse de Quénetain inscrira 22 chiots au LOF. Les pionniers et premiers principaux éleveurs de la race Golden retriever en France ont été sans conteste Mesdames la vicomtesse de Quénetain et la comtesse d'Orglandes, Messieurs A.M. Wertheimer et le comte J. de Bonvouloir.

Les trois premiers retrievers (toutes races confondues) ayant obtenu le titre de Champion International ont été trois Golden retrievers : Boulon d'or, Yellow-Boy de Saint-Jean-du-Bois et Ibis d'Oursières.

Depuis maintenant 10 ans, le Golden connaît un véritable engouement de popularité qui le positionne en 3e race la plus demandée à la SCC.
Ce phénomène peut être préjudiciable à la race. Déjà nous pouvons voir des Goldens trop timides et même avec des caractères ne correspondant plus à celui responsable de son succès.
C'est pourquoi le Retriever Club de France* vous conseille avant d'adopter un Golden de prendre contact avec les délégués du club.
Ils vous guideront vers les élevages qui savent garder les caractéristiques qui ont fait le succès de cette merveilleuse race.

*Retriever Club de France : 46 avenue Carnot - 78175 Saint Germain en Laye - Tél. 01 34 51 03 39.

Gros plan de Camilla (élev., propr. et photo Élevage Latus Anniae)

Ch. It. Kukkola Baby Twist and Shout (propr. et photo Maria del Mar, élev. Kukkola)

LISTE DE QUELQUES ÉLEVEURS FRANÇAIS RÉPUTÉS QUI ONT PRODUIT DES CHIENS CHAMPIONS

MME MARIE-ALPAIS BAZIN (Cheek to Cheek)
Champion France, IB, Pologne, Trialer
Cheek to Cheek Lucky Strike
Champion Luxembourg
Cheek to Cheek Lucky Star
Champion IB
Cheek to Cheek Red Hot Mama
Champion IB
Cheek to Cheek Space Jam
Champion Canada
Cheek to Cheek Steve Mac Queen

MME CHANTAL VARAINE (du Pays de la Bohème)
Champion Luxembourg, Trialer
Royal Commander du Pays de la Bohème

M. ET MME GOUKASSOW ALAIN (Guisachan)
Champion IB
Guisachan Nightlight

M. ET MME SONNTAG GÉRARD (Ashbury)
Championne IB, Luxembourg
Ashbury Real Pleasure
Champion IB
Ashbury Please Tell Me
Championne IB
Ashbury Lovely Lisane

M. BRUNO FACQ (du Bois de la Rayère)
Championne de France, IB, Luxembourg, VDH, et Deutscher
L'Eau d'Issey du Bois de la Rayère
Championne Jeune du Luxembourg
Odyssée du Bois de la Rayère
Championne de France, IB
Singing in the Rain du Bois de la Rayère
Championne de France
Pretty Woman du Bois de la Rayère
Champion de France, IB et du Luxembourg
O'Connor du Bois de la Rayère
Championne de Belgique, IB, Luxembourg, VDH et Deutscher
Moon Light du Bois de la Rayère

M. EDMOND DACHICOURT (des Collines de Boulonnais)
Champion de Travail à la Française
Perce Neige des Collines de Boulonnais

M. LARONDE (des Bruyères de Servière)
Champion de France
Paddington des Bruyères de Servière
Champion de Travail à la Française
Paysanne des Bruyères de Servière

LA MORPHOLOGIE

PAR CESARE BELVIGLIERI

RAPPELS D'ANATOMIE FONCTIONNELLE

Je voudrais avant tout préciser que ce chapitre résume des informations sur l'anatomie afin de mieux comprendre certaines caractéristiques du Golden et d'où elles proviennent. Tout ce qui est dit dans ce chapitre reste d'une façon générale valable pour de nombreuses autres races et le lecteur expérimenté risque peut-être de trouver ces informations répétitives, voire un peu ennuyeuses. Il ne faut toutefois pas oublier que les juges présents dans les expositions emploient des termes parfois différents pour désigner la même zone corporelle ou pour évaluer la morphologie plus ou moins correcte d'un animal. Par conséquent, il est très important de connaître les différentes modalités d'approche de l'anatomie et de la morphologie d'un chien.

L'organisme animal peut être considéré comme une machine complexe constituée d'unités microscopiques : les cellules. Ce sont elles qui composent les organes, qui forment à leur tour les appareils et c'est l'ensemble de ces appareils qui constitue l'aspect extérieur du corps. Selon moi, pour mieux évaluer les conditions de santé et l'esthétique d'un chien, il est plus simple de diviser son corps en plusieurs segments à étudier successivement : la tête et le cou, les épaules et les membres antérieurs, le thorax, la croupe, les membres postérieurs et enfin la queue. Des indications spécifiques à la race du Golden seront données au cours de la description des différents segments.

TÊTE ET COU

C'est selon moi la partie du corps la plus intéressante parce que c'est souvent la première prise en compte pour déterminer le choix d'une race ou d'un sujet plutôt qu'un autre. Chez le Golden retriever, la tête est bien proportionnée et bien reliée au cou. Le crâne, assez large, présente une ligne fronto-occipitale légèrement plus longue, les yeux sont bien écartés et séparés par un chanfrein long et large. Le nez est normalement proportionné, les oreilles, également bien écartées, sont d'une forme triangulaire et repliées vers l'avant. L'homogénéité de l'ensemble confère à l'animal un aspect particulièrement agréable qui dégage intelligence, vivacité et humanité.

Les parties anatomiques de la tête sont : zone occipitale (nuque), temporale (tempes), frontale, nasale, maxillaire et mandibulaire.

Le cou est relié à la nuque par l'articulation de l'occiput et de l'atlas qui s'étend jusqu'à la septième vertèbre cervicale. Chez le Golden retriever, le cou est puissant mais n'alourdit pas pour autant les traits de l'animal puisqu'il se raccorde de façon très élégante aux épaules et antérieurement à la poitrine. Du point de vue anatomique le cou comprend, en dehors des vertèbres, le ligament nucal, de nombreux muscles, les artères carotides, les veines jugulaires, une partie de l'œsophage et de la trachée. Sa fonction est de soutenir la tête mais aussi d'équilibrer l'animal pendant la course. C'est pour cette raison que les muscles doivent être puissants et robustes.

ÉPAULES ET MEMBRES ANTÉRIEURS

Les épaules et les membres antérieurs ont comme base anatomique les premières vertèbres thoraciques avec leurs apophyses épineuses très prononcées, les omoplates, le radius et le cubitus, les os du carpe et du métacarpe ainsi que les phalanges. Des proportions correctes, une bonne inclinaison des segments et leur conformation permettent à l'animal d'avoir une démarche souple, élégante et puissante. Quand les juges parlent d'aplombs plus ou moins corrects, il s'agit de l'évaluation du membre par rapport au plan sagittal.

THORAX

Le thorax se délimite à l'avant par la pointe de la poitrine, sur le côté par les épaules et les côtes, au-dessus par les apophyses épineuses des treize vertèbres thoraciques, en dessous par le sternum et à l'arrière par l'abdomen. Ce segment corporel comprend deux organes fondamentaux, les poumons et le cœur. Quand on évalue la morphologie générale de l'animal, il est très important de savoir apprécier, même approximativement, le développement volumétrique correct du thorax, pour savoir si le chien que l'on observe est non seulement beau mais aussi en bonne santé.
En effet, un thorax bien développé, volumineux, profond et bien descendu indique un développement pulmonaire et cardiaque correct. On sait alors par conséquent que l'animal est adapté pour accomplir des efforts, des courses prolongées et des activités sportives, quelles qu'elles soient.

RÉGIONS DU CORPS

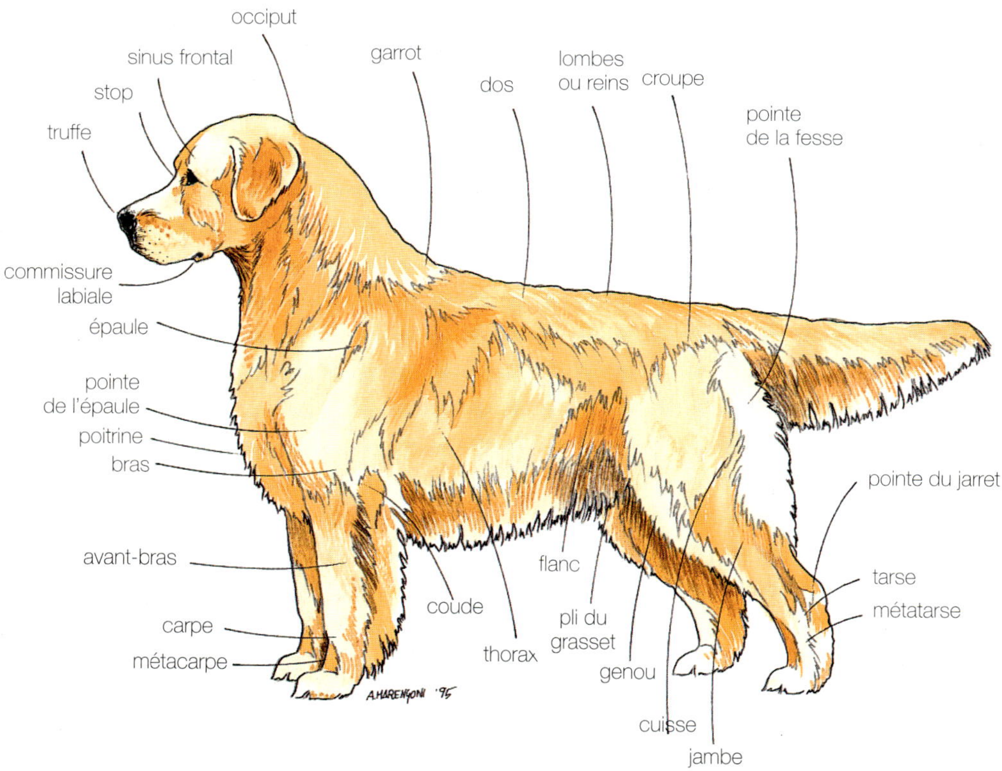

SQUELETTE

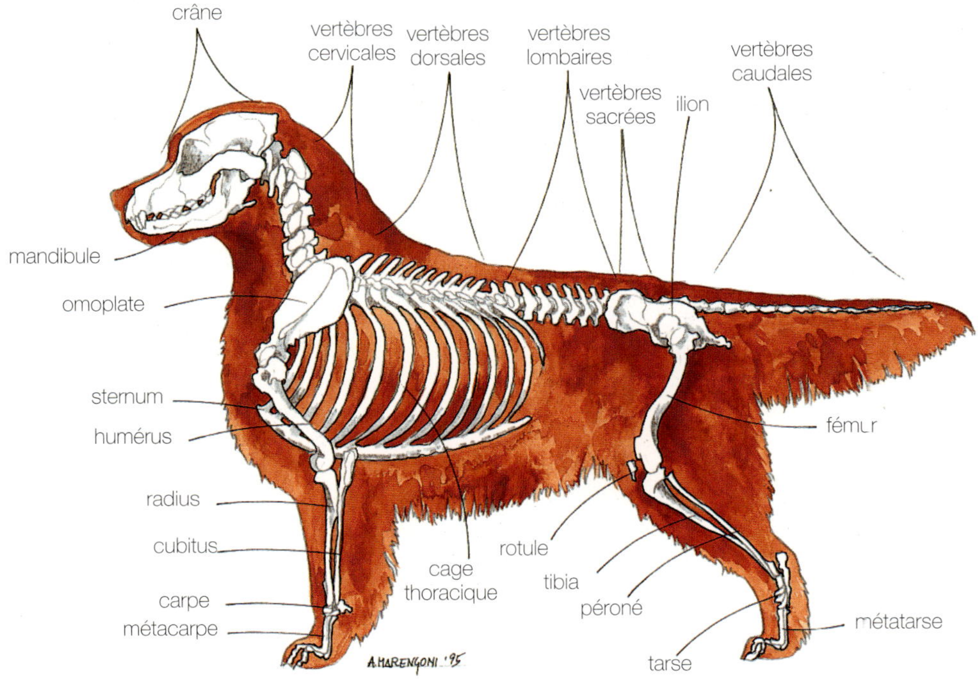

Photo P. Visintini

CROUPE

La croupe se situe entre les reins et la queue. Sa base squelettique est l'os sacré, constitué de trois vertèbres soudées entre elles.
Elle est le prolongement anatomique des vertèbres thoraciques et la ligne dorso-lombaire ne doit donc pas présenter d'anomalies visibles ou palpables. La musculature doit être bien développée et les accumulations de graisse pas excessives.

MEMBRES POSTÉRIEURS

Dans l'ensemble, ce que nous avons dit à propos des membres antérieurs s'applique

aussi aux membres postérieurs.
Les juges parlent d'aplombs et d'angles coxo-fémoraux ou fémoro-tibiaux mais le plus important, c'est de savoir évaluer si l'animal présente des défauts visibles ou non. Il faut avant tout observer l'allure du chien en se plaçant face à lui et derrière lui. Ses mouvements doivent être homogènes et symétriques, sa musculature également symétrique et bien développée.
Toute anomalie dans la démarche du chien doit être sérieusement considérée et examinée par un expert. Les os qui constituent la base anatomique des membres postérieurs sont le fémur, le tibia et le péroné, les os du tarse et du métatarse ainsi que les phalanges.

QUEUE

La queue a comme base anatomique les vertèbres caudales.
Chez le Golden retriever, elle ne doit pas être coupée, comme cela se produit chez d'autres races.

LES APPAREILS MUSCULAIRE ET SQUELETTIQUE

L'appareil musculaire et l'appareil squelettique s'étudient ensemble étant donné que l'un constitue le support de l'autre et qu'ils sont tous deux à l'origine des propulsions d'un organisme évolué.
Le squelette est composé d'os longs, comme le fémur, le tibia, l'humérus, le radius et le cubitus ; d'os courts, comme tous les os du carpe et du tarse ; d'os plats, comme ceux du crâne et les omopla-

Kerrien est la vitalité même (photo et propr. Élevage Thuaidh)

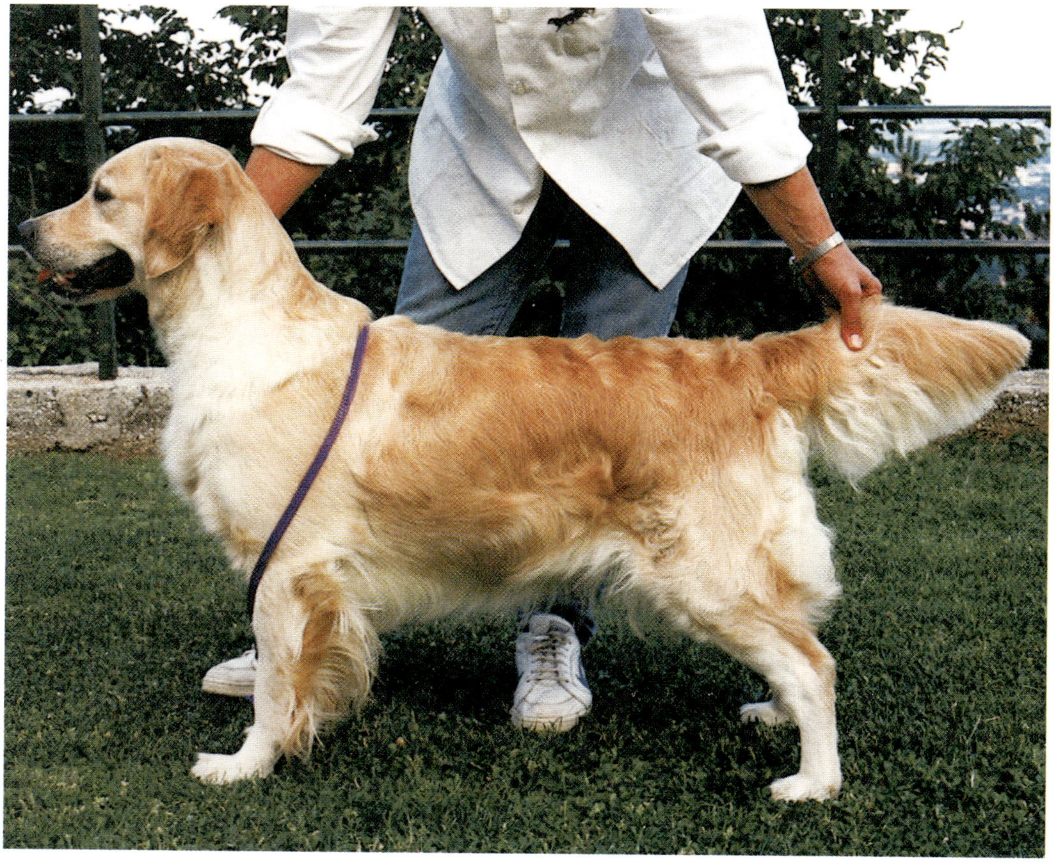

tes. Les os sont reliés par une série de tendons et de ligaments qui forment la structure portante de l'organisme. Les muscles, également reliés par des tendons et des ligaments, constituent en revanche le système locomoteur.
L'os est un tissu particulier qui peut être à la fois dur et très élastique, surtout chez les sujets jeunes. Beaucoup de gens pensent à tort que l'os est un tissu statique, sans cellule, constitué uniquement de dépôts de sels de calcium disposés sur un stroma conjonctival. Pourtant, il existe des cellules comme les ostéoblastes et les ostéoclastes qui ont pour fonction respective de produire et de modifier le tissu osseux. L'os a en outre une structure complexe et certains en particulier renferment la moelle qui régénère les cellules du sang comme les globules rouges, les plaquettes, etc. Le tissu osseux est donc un tissu permanent, possédant une grande capacité de régénération, contrairement au tissu musculaire qui n'est pas capable de se reconstituer après avoir été froissé ou avoir subi une déchirure. Le tissu musculaire est formé d'un ensemble de fibres regroupées en faisceaux dont les constituants principaux sont des protéines (myosine), qui ont comme caractéristique de pouvoir se contracter. On distingue ensuite les fibres qui se contractent volontairement sur commande, par exemple les fibres striées, des fibres involontaires, comme les fibres lisses de la paroi intestinale. Il existe toutefois des fibres striées involontaires, celles du muscle cardiaque. Les caractéristiques des fibres musculaires dépendent du rôle qu'elles jouent, mais toutes ont en commun de ne pas se régénérer et de former des cicatrices, perdant alors totalement leur capacité contractile.
Il ne faut donc pas oublier qu'en cas d'absence d'entraînement adapté, il est déconseillé de soumettre des animaux à des efforts intenses et prolongés, surtout s'ils sont jeunes et ont un tempérament plutôt impétueux. Cela peut en effet provoquer des dégénérescences, entraînant des dommages définitifs sur la structure contractile du muscle.

LES DENTS ET L'ÂGE DU CHIEN

La bouche du chien est délimitée dans sa partie haute par

LES DENTS

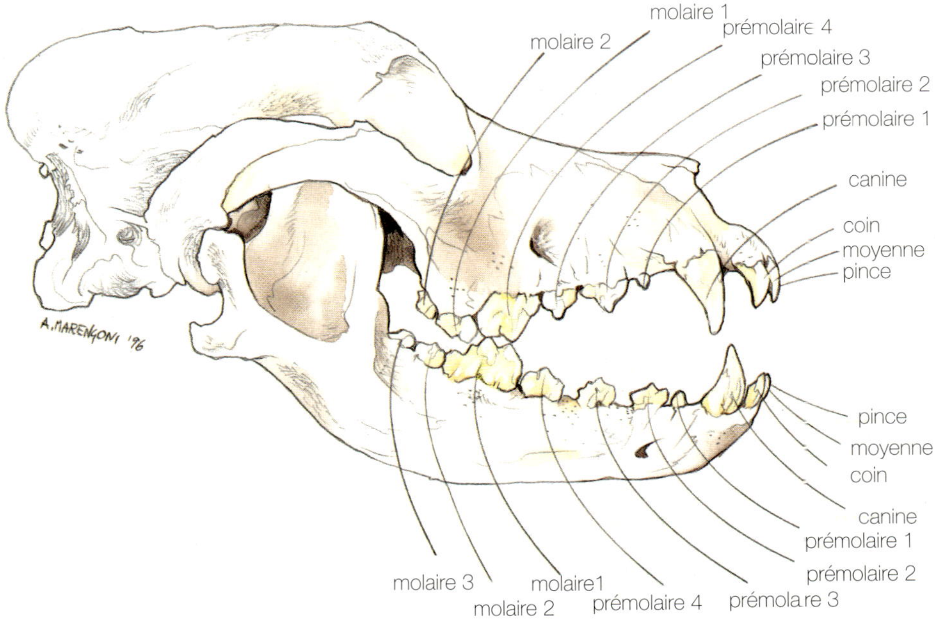

Le remplacement de la dentition de lait survient entre quatre et six mois chez les chiots (photo Woodcock)

le palais dur et le palais mou, sur le côté par le maxillaire, dans sa partie basse par l'arcade mandibulaire et par la langue.
La mandibule et la mâchoire présentent des zones creuses appelées alvéoles dentaires, qui constituent le logement des dents. Les dents du chien sont structurées comme celles de l'homme, c'est-à-dire composées d'ivoire ou dentine, d'émail et de cément. Leur conformation est en revanche très différente parce qu'elles sont beaucoup plus pointues que les dents humaines et donc moins sujettes aux caries.
Cependant, la bouche du chien est généralement plus sensible à différentes formes de paradontose, ces affections qui provoquent en premier lieu des lésions sur les gencives mais qui peuvent ensuite créer des problèmes secondaires aux dents et entraîner leur chute.
Les chiens connaissent deux dentitions différentes : une de lait et une définitive. Le jeune chien a 32 dents tandis que l'adulte en a 42. La deuxième dentition se met généralement en place vers quatre mois et demi.
Pour déterminer l'âge du chien en fonction de sa dentition, il faut tenir compte de plusieurs aspects qui peuvent interférer sur l'usure de ses dents. Le paramètre à prendre en compte est l'usure des incisives, en particulier la présence de « fleur de lys », une conformation particulière de la pointe due à l'usure de la dent et à l'apparition des canaux de l'émail. De plus, il faut savoir si le chien a subi des maladies, connaître ses

DÉTERMINATION DE L'ÂGE DU CHIOT PAR L'EXAMEN DE SES DENTS

Dents*	***Éruption***	***Remplacement***
Pinces	30 jours	4 mois
Mitoyennes	28 jours	4 mois et demi
Coins	25 jours	5 mois
Canines	21 jours	5 mois
Première prémolaire	4 mois	Définitive
Deuxième prémolaire	4-5 semaines	6 mois
Troisième prémolaire	3-4 semaines	6 mois
Première molaire	4 mois	Définitive
Deuxième molaire supérieure	5-6 mois	Définitive
Deuxième molaire inférieure	4 mois et demi-5 mois	Définitive
Troisième molaire inférieure	6-7 mois	Définitive

* Les dents supérieures apparaissent avant les inférieures.

Détermination de l'âge du chien adulte selon les caractéristiques de sa dentition

Âge	*Dentition*
5 mois	Toutes les incisives définitives sont apparues ; les coins ne sont pas encore occlusifs
5-6 mois	Les canines définitives apparaissent
1 an et demi	Le lobe principal des pinces inférieures est nivelé
2 ans et demi	Le lobe principal des mitoyennes inférieures est nivelé
3 ans et demi	Le lobe principal des pinces supérieures est nivelé. Le plan d'usure des pinces et des mitoyennes inférieures est carré
4 ans et demi	Le lobe principal des mitoyennes supérieures est nivelé
5 ans et demi	Le coin inférieur est nivelé. Des taches jaunâtres peuvent apparaître sur les pinces ou sur les mitoyennes inférieures ; les canines sont émoussées
6 ans	Le lobe principal des coins supérieurs est presque nivelé et les canines inférieures portent la marque des coins supérieurs
7 ans	Le plan d'usure des pinces inférieures devient elliptique avec un grand axe sagittal
8 ans	Le plan d'usure des pinces inférieures s'élargit dans la partie labiale et s'incline vers l'extérieur
9 ans	Le plan d'usure des mitoyennes inférieures devient elliptique
10 ans	Le plan d'usure des pinces supérieures devient elliptique
10-11 ans	Chute des pinces inférieures, puis des pinces supérieures
12-16 ans	Chute des autres incisives
16-20 ans	Chute des canines

Photo P. Visintini

habitudes alimentaires, les objets avec lesquels il joue habituellement, puis observer ses conditions de santé générale. Ce n'est qu'après tous ces contrôles qu'il est possible d'émettre des hypothèses sur son âge.

LES ORGANES DES SENS

Les organes des sens regroupent tout ce qui dans l'organisme est capable de relever les conditions du milieu environnant et de transformer les signaux externes en signal électrique, chimique, ou hormonal. Ces signaux sont transmis du système nerveux périphérique au système nerveux central, ce qui permet à l'organisme de fournir une réponse adéquate.

Photo Gehalhar/Cogis

Ces organes des sens sont donc des « sites » indispensables pour la vie relationnelle. En général, on parle de « sensoriel » quand on examine l'état d'attention d'un animal par rapport au milieu qui l'entoure et cet état peut être troublé de façon excitative ou dépressive. Nous allons examiner les principales capacités sensorielles.

La fonction visuelle est évidemment de la compétence de l'œil, organe extrêmement complexe, capable de transformer des stimulations lumineuses en stimulations électriques et de transmettre ensuite au cerveau la sensation de l'image. Sans entrer dans le détail de la structure de l'œil, il faut savoir observer certains symptômes pour réussir à comprendre si un animal connaît des problèmes dans cette partie du corps. Il faut avant tout observer la mobilité des paupières, qui peuvent parfois ne pas se refermer complètement, ce qui crée des problèmes liés à l'exposition continuelle à l'air de la conjonctive, par exemple sous forme de dessèchements conjonctivaux. On peut parler à ce propos de paralysie palpébrale, de spasme du muscle orbiculaire ou de paralysie de la troisième paupière. Il faut ensuite examiner l'état de la cornée, qui doit être extrêmement transparente, brillante et bien humide.

On peut observer, même empiriquement, l'état du cristallin, siège de l'altération de la cataracte. Pour cela, le chien doit être ébloui par une lumière la nuit. En général, en reflétant la lumière, les yeux apparaissent d'une couleur très iridescente mais dans le cas d'une cataracte, cette irisation est beaucoup plus faible et cela peut laisser présager une opacification du cristallin. Les bulbes oculaires peuvent aussi être atteints d'exophtalmie, c'est-à-dire présenter une saillie anormale de la cavité orbitale, ou encore être atteints de strabisme.

Il est également important d'examiner les pupilles qui, dans certaines situations, révèlent les problèmes. Si on se trouve dans la pénombre et que l'on remarque que les pupilles du chien sont très contractées (myosis) ou bien au contraire si les pupilles sont très dilatées en plein soleil (mydriase), c'est que quelque chose ne va pas. En cas de cécité complète, le chien adopte des attitudes particulières : il cherche tout d'abord à rester immobile, surtout s'il se trouve dans un lieu inconnu et quand il se déplace, il lève exagérément les pattes antérieures ; naturellement il a enfin tendance à se cogner dans des obstacles.

D'autres attitudes du chien peuvent révéler un problème lié à l'organe de l'ouïe, l'oreille. Il faut tout d'abord observer l'oreille externe. En général, sa mobilité est très accentuée pour permettre à l'animal de mieux percevoir la provenance du son.

L'absence de mobilité indique soit un problème lié aux muscles auriculaires, soit une hypoacousie. Dans ce cas, on remarque également que l'animal ne répond pas aux rappels ou qu'il ne parvient pas à comprendre de quelle direction provient le son. L'oreille peut aussi être sujette à des pathologies plus banales comme les otites qui touchent le pavillon externe et l'oreille moyenne et qui ne doivent pas être sous-évaluées. Il existe différents types d'otites et seul un vétérinaire peut diagnostiquer son origine. Toutefois, l'attitude manifestée par le chien est souvent identique. L'animal se gratte continuellement le pavillon entraînant une aggravation de l'irritation. L'oreille atteinte d'otite est en général tenue plus basse que l'oreille en bonne santé, la tête est repliée vers la partie malade et est secouée continuellement.

La douleur est habituellement accentuée, surtout en présence d'un corps étranger.

En ce qui concerne l'odorat, ce sens a pour le chien une importance comparable à celui du toucher pour l'homme. À travers son nez, le chien ne sent pas seulement les odeurs, mais il peut aussi percevoir des sources de chaleur, de froid, d'humidité et a donc également développé une sorte de fonction tactile.

Naturellement, sa fonction principale reste toutefois olfactive grâce à une muqueuse particulièrement sensible. La structure même du chanfrein permet à l'air respiré d'atteindre rapidement la muqueuse, ce qui facilite la perception des odeurs.

L'APPAREIL TÉGUMENTAIRE

La peau constitue la première défense contre différents agents lésionnels et même si, contrairement à l'homme, elle n'accomplit pas véritablement

Photo P. Visintini

une fonction thermorégulatrice, elle protège l'animal des facteurs atmosphériques. La peau est sous l'influence directe de nombreuses hormones qui peuvent modifier sa fonctionnalité et son aspect, tout comme le poil qui lui est strictement lié. En effet, celuici est soumis à de multiples actions : la thyroxine qui augmente son rythme de croissance, l'œstrogène qui diminue au contraire ce rythme, la progestérone qui étend sa période de croissance et la cortisone qui allonge la période de repos des follicules pilifères et retarde la mue du poil. La peau, comme tout autre tissu, peut rencontrer des phénomènes dégénérescents qui doivent être pris en compte très sérieusement. Les lésions cutanées peuvent être de différents types : macules, papules, pustules, nodules, vésicules, cloques, érosions, ulcérations, fissures. Elles doivent être évaluées par une personne expérimentée. En effet, ces lésions peuvent être l'expression de problèmes plus graves comme l'urticaire, l'eczéma, la mycose, la parasitose, etc.
Il faut enfin rappeler que le chien ne transpire pas comme l'homme, sauf sur ses coussinets plantaires, surtout l'été. Ces zones très délicates doivent être maintenues propres et soigneusement contrôlées.

Ch. It. Chiaroscuro Altamoda (photo Martini)

LE STANDARD

Le standard décrit les caractéristiques morphologiques et caractérielles d'une race du point de vue cynologique. Il tente de représenter le modèle idéal du chien qui constitue le schéma de référence pour l'élevage et par conséquent pour l'évaluation en exposition.

Il existe deux façons de rédiger un standard qui correspondent aux deux écoles de pensée différentes de la cynologie. D'un côté la méthode des pays anglo-saxons est peu détaillée : elle se contente de fournir les traits essentiels de la race sans se référer très précisément aux aspects morphologiques et structurels ni à des mesures précises.

L'autre type de standard peut être défini comme européen et, à l'inverse, il reconstruit minutieusement les caractères morphologiques et anatomiques, ce qui aboutit à une véritable « image décrite » du chien.

Le standard du Golden est donc, comme pour toutes les races anglaises, plutôt général. En effet, une fois mises de côté les références à la construction valables pour toutes les races canines, les remarques concernant les traits typiques de la race sont très pauvres et générales, voire incomplètes.

L'évaluation de la conformité d'un chien à ce standard dépend donc beaucoup de l'interprétation donnée par chaque lecteur aux descriptions qui sont données.

Comme on peut l'imaginer, cela donne souvent lieu à de grandes divergences de vue, en fonction de la valeur donnée par l'interprète aux conseils du standard et parfois au désir souvent inconscient qu'il a d'adapter la description du standard à son « propre type » au lieu de faire l'inverse.

La meilleure interprétation possible consiste, selon moi, en partant du texte, à tenir compte de la fonction et des aptitudes du Golden. Une approche de ce genre est obligatoire avec ce type de standard. Cela permet d'évaluer comment les qualités et les défauts influent sur la nature d'un chien né pour la chasse et le rapport, et par conséquent, d'avoir une idée de leur poids sur le jugement d'ensemble de la valeur d'un sujet.

Naturellement, « l'œil » de l'interprète et l'expérience constituent une partie essentielle de l'évaluation. Ils permettent en effet d'évaluer la conformité générale du sujet par rapport au standard, bien avant d'effectuer une analyse détaillée de chaque élément.

ASPECT GÉNÉRAL

Chien bien construit, symétrique et bien proportionné, aux mouvements aisés, puissant et actif. Son expression naturelle typique est très douce et amicale.

Cette description générale fournit tout l'esprit d'un bon Golden, c'est-à-dire un chien qui donne une impression d'harmonie entre toutes ses parties : tête, cou, tronc, postérieur, queue. L'apparence doit être celle d'un chien puis-

Styal Santacharissa

sant, à l'ossature pas trop fine mais en même temps pas grossière. Son aptitude à la chasse doit ressortir de son mouvement, fluide et sans à-coups et de son déplacement naturel et élégant.
La traduction du terme *balanced* par l'expression « bien proportionné » rend bien la sensation d'extrême harmonie que le sujet, à l'arrêt ou en mouvement, doit donner à celui qui l'observe. L'expression amicale est une autre caractéristique très importante du type. Toutefois, contrairement à ce que l'on pourrait penser, cette qualité ne concerne pas seulement le regard du chien. Il s'agit d'une notion plus complexe qui tient compte non seulement de la forme et des caractéristiques de l'œil, mais aussi de celles du museau et du crâne, ainsi que celles de ses différentes parties, oreilles comprises.
L'expression doit donner le sentiment d'un chien ni agressif ni craintif, mais amical, intelligent, curieux et recherchant le contact.

CARACTÉRISTIQUES

Docilité, intelligence et prédisposition naturelle pour le travail.

C'est un résumé, en très peu de mots, du caractère du Golden. *Biddable*, dans la version originale anglaise, exprime la nécessité absolue que le Golden ne soit pas agressif ni trop nerveux. Il ne doit jamais non plus donner l'impression de posséder un caractère instable face à n'importe quel type de situation. La démonstration de qualités d'intelligence et de vivacité caractérielle dans l'apprentissage et le dressage complètent le cadre.

TEMPÉRAMENT

Doux, amical et sûr de lui.

Le Golden doit montrer une confiance instinctive vis-à-vis de l'homme ou face aux situations auxquelles il est confronté. Sa première impression devant un phénomène nouveau est tout au plus de la curiosité mais jamais d'agressivité ni de peur. Il faut considérer comme des tares caractérielles très graves une tendance excessive à l'instinct de garde et à la nervosité, y compris vis-à-vis de ses semblables. Il ne faut pas oublier que le Golden, en tant que chien de chasse, est destiné à être utilisé en compagnie d'autres chiens et, s'il ne parvient pas à cohabiter avec d'autres sujets, il est inutilisable dans le travail. Parfois, surtout pendant sa période de jeunesse, le mâle peut montrer quelques signes d'agressivité envers les autres mâles, mais ce comportement disparaît généralement au fil du temps.

TÊTE ET CRÂNE

Tête bien ciselée et proportionnée. Crâne large sans être lourd. La tête doit être bien attachée à l'encolure ; le museau est puissant et large. La longueur du museau doit être égale à celle du crâne. Le stop est bien marqué et la truffe est noire, de préférence.

Les paramètres fixés ne sont pas extrêmement détaillés, et cela explique en partie la présence d'une certaine variabilité des têtes.
Le crâne, bien que large, ne doit être ni grossier ni en coupole ni « bombé ».
Les défauts les plus courants sont :
– des divergences des axes crâne-face, avec le profil du chanfrein tendant vers le bas ;
– à l'inverse, la présence d'un stop trop marqué et le profil du chanfrein qui tend à converger avec l'axe crânien ;
– l'absence de stop bien défini, avec un museau trop long et faible au lieu d'être, comme il est demandé, large et profond ;

LA TÊTE

correcte

lourde
(trop de peau)

atypique
(museau faible)

Ch. Norv. Shanlimore Baronet (photo Frickstrand)

– un stop peu défini, avec un museau court, léger et faible ;
– des bosses frontales trop prononcées ;
– la zone du masséter trop marquée ;
– un développement excessif de la peau, avec des rides plissées sur le crâne, des lèvres trop abondantes ou la présence de fanons.

La truffe doit être noire. La « dépigmentation saisonnière », cette décoloration qui frappe certains sujets durant la saison froide, est toutefois admise. En réalité, ce phénomène n'est pas toujours lié à une carence de pigmentation, qui se manifeste en revanche beaucoup plus nettement par la couleur des yeux, des fentes palpébrales et buccales, ainsi que des ongles. La région de la tête, si importante dans l'impression générale donnée par le sujet, doit donc dégager en premier une sensation d'« équilibre » et d'harmonie.

YEUX

Sombres et bien écartés ; le bord des paupières est foncé.

L'œil revêt une importance particulière quand on évalue un chien. En effet, l'ensemble constitué par sa forme, sa couleur et sa position dans la tête représente une donnée indispensable des caractéristiques de race, contribuant à former « l'expression ». Dans le cas du Golden, il faut pénaliser les yeux d'une coloration trop claire (en particulier jaune, avec laquelle le regard prend une expression « dure »), une position trop écartée, trop rapprochée ou oblique, ainsi qu'une saillie excessive. L'intensité du marron peut toujours être évaluée en fonction de la coloration de la robe, mais elle doit toujours être d'une tonalité plus foncée que cette dernière.

OREILLES

De taille moyenne, attachées à peu près à la hauteur des yeux.

Il faut évaluer la forme, la taille et le point d'insertion de l'oreille. La dimension correcte est celle qui permet à l'oreille de couvrir l'œil jusqu'à son extrémité interne.
Si en revanche l'oreille a des dimensions exagérées, l'expression du chien s'en ressent, surtout quand il est attentif, donnant ainsi à sa tête un aspect braccoïde.
L'oreille doit être de forme triangulaire et l'insertion située plus ou moins sur la même ligne que les yeux. La consistance doit être à peine plus épaisse qu'un cartilage, sans accumulations excessives de graisse. Chez les chiots jusqu'à six mois, la dimension des oreilles est souvent excessive mais tend à s'harmoniser ensuite avec le reste de la tête.

BOUCHE

Mâchoires fortes, avec un articulé en ciseaux parfaitement régulier. Cela signifie que la face interne des incisives supérieures est en contact direct avec la face externe des incisives inférieures. Les dents doivent être en position perpendiculaire par rapport aux mâchoires.

Le seul type de dentition désiré est l'articulé en ciseaux, avec la superposition de la partie interne des incisives supérieures avec la partie externe des incisives inférieures. Les écarts représentés par l'orthognathie (longueur égale des deux mâchoires ou fermeture en tenaille) et les plus graves défauts tels que le prognathisme (mâchoire supérieure plus courte que la mandibule) et la rétrognathie (mandibule plus courte que la mâchoire supérieure) sont pénalisés. Chez les chiots, une fermeture imparfaite avant la formation de la dentition définitive est normale parce que la croissance des dents de la mandibule est plus lente que celle des dents de la mâchoire supérieure. Cette anomalie se régularise généralement une fois la dentition stabilisée. On observe parfois un mauvais alignement des incisives centrales de l'arcade inférieure qui ont tendance à ressortir par rapport aux autres dents. L'absence de contact entre la première et la deuxième prémolaire supérieure et les première, deuxième et troisième prémolaires inférieures est utile pour effectuer un rapport sans abîmer le gibier.

COU

D'une longueur correcte, net et musclé.

Comme on le constate, le standard n'établit pas la longueur du cou.
Étant donné que l'inclinaison de l'épaule et la longueur du cou sont liées, un cou pas assez long sera toujours associé à une épaule faiblement inclinée. L'inclinaison du cou par rapport à l'axe longitudinal de l'épaule peut ten-

TYPES DE FERMETURE

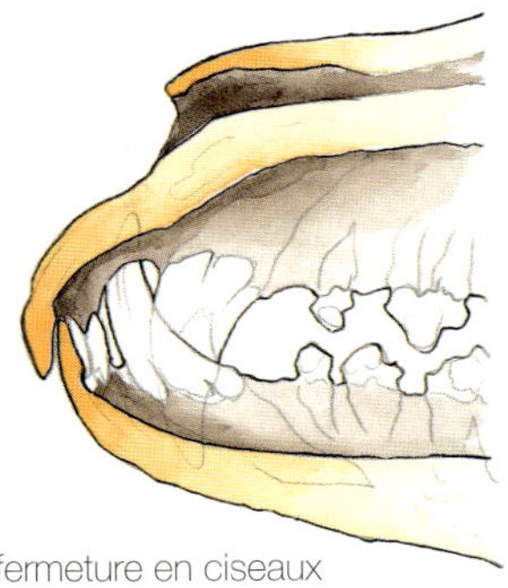
fermeture en ciseaux
(correcte)

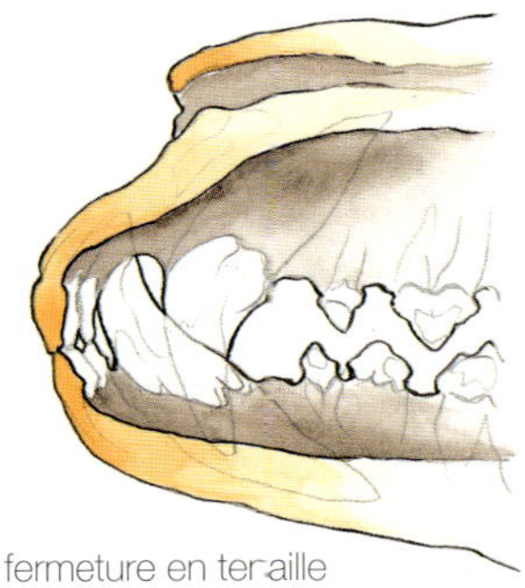
fermeture en tenaille
(défaut)

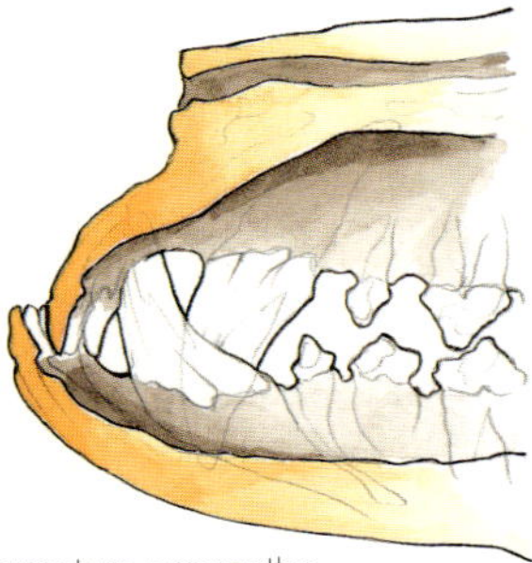
fermeture prognathe
(grave défaut)

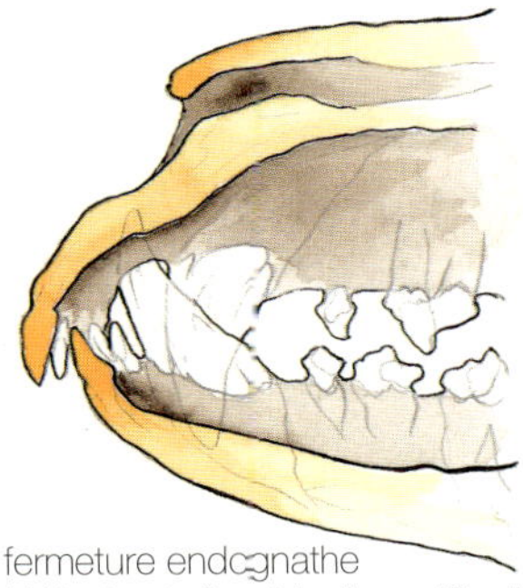
fermeture endognathe
(défaut entraînant la disqualification)

dre vers la verticalité, l'horizontalité ou se situer dans une position intermédiaire. Les deux premières positions correspondent à un déplacement du centre de gravité : dans le premier cas vers le postérieur ; dans le second, le poids du tronc porte trop sur l'avant. La troisième possibilité, qui correspond à un angle de 45° environ, est donc préférable, parce qu'elle permet une meilleure gestion des mouvements avec un déplacement plus facile du centre de gravité. Un cou net signifie l'absence de fanons, c'est-à-dire une abondance excessive de peau dans la zone de la face antérieure du cou sous la mâchoire inférieure. Le cou doit être également musclé parce qu'un cou faible ne permet pas au chien de rapporter correctement le gibier d'une certaine consistance.

AVANT-MAIN

Droite, avec une bonne ossature, les épaules bien obliques ; l'omoplate est longue et le bras d'égale longueur ; les membres antérieurs sont à la verticale sous le corps.
Les coudes adhèrent bien au corps.

C'est l'avant-main qui soutient le poids du chien après l'impulsion propulsive transmise par l'arrière-main. Une longue omoplate correspond à une musculature plus longue qui agit sur le bras et l'avant-bras, entraînant une oscillation plus facile et donc un pas plus long. L'inclinaison de l'épaule est tout aussi importante et elle devrait former un angle de 90° avec l'humérus.
L'usage du conditionnel s'impose parce que si certains standards comme celui des États-Unis et du Canada recommandent une telle valeur d'angle, il est assez rare, et pas seulement pour le Golden, de trouver un chien qui respecte parfaitement ces mesures.
Si la longueur et l'inclinaison de l'omoplate sont correctes, elles permettent aux membres antérieurs d'être placés correctement sous le tronc.
La distance entre les omoplates à la hauteur du garrot est tout aussi importante. En effet, un écart ou un rapprochement trop grand a une influence négative sur la mobilité de l'épaule.
Vus de face, les antérieurs doivent être droits avec les coudes adhérant bien au thorax, et l'ensemble du membre (composé de l'avant-bras, du bras, du carpe, du métacarpe et des doigts) être divisé en deux par la ligne d'aplombs qui part de la pointe de l'épaule pour aller jusqu'au sol. Les défauts (qui se répercutent naturellement sur la correction de l'allure) sont les suivants :
– des aplombs cagneux (le membre est vertical jusqu'au carpe puis dévié vers l'intérieur) ;
– des aplombs panards (le membre est vertical jusqu'au carpe puis dévié vers l'extérieur) ;
– le membre s'écarte de la verticale (ouvert devant) ;
– le membre se trouve à l'intérieur de la ligne verticale, même s'il est droit (fermé devant).
De côté, on observe deux lignes d'aplombs. La première, qui est verticale et part de l'articulation scapulo-humérale, doit aller jusqu'au sol à proximité de la pointe du pied. Si le pied se trouve derrière cette ligne, le chien est défini comme « sous lui » et dans le cas contraire, il est « sous lui du devant ». Dans le premier cas, on observe une faible inclinaison de l'épaule et une difficulté à

Ch. Stanroph Soldier Boy (élev., propr. et photo Woodcock)

© Hermeline/Cogis

Ch. Int., Franç., Sui. et Trialer Stanroph Star of Chivas (élev. Woodcock, propr. et photo Barthelemy)

soulever l'avant-main dans le mouvement. Dans le second cas, peu fréquent, on assiste à un déplacement excessif du centre de gravité vers la zone de l'articulation postérieure. La deuxième ligne d'aplombs à considérer dans la vision de côté est la ligne verticale qui part de l'articulation huméro-radiale (celle du coude) et sépare le membre en deux pour dévier à la hauteur de la moitié du métacarpe environ. Si le carpe n'est pas correctement arqué, on peut observer un profil défini comme « campé de devant » (c'est-à-dire un carpe exagérément arqué vers l'avant) ou « campé de derrière » (c'est-à-dire un carpe exagérément arqué vers l'arrière). Si le défaut se situe dans le métacarpe, il peut arriver que la ligne d'aplombs devienne trop extérieure par rapport aux coussinets plantaires avec un métacarpe excessivement fléchi (ou long-jointé), ou que la ligne d'aplombs tombe sur les coussinets plantaires avec un métacarpe droit (court-jointé).

TRONC

Bien équilibré et ramassé, le thorax est profond. Les reins sont courts. Les côtes sont bien descendues et bien cintrées. La ligne supérieure est horizontale.

La ligne du tronc est naturellement liée à la conformation du thorax qui doit être correctement formé en longueur, en largeur et en profondeur. Comme la cage thoracique renferme les organes vitaux, notamment les poumons, ses dimensions doivent obligatoirement être correctes. La largeur thoracique dépend naturellement de la distance entre les membres antérieurs. Plus celle-ci est importante, plus la rapidité du sujet est altérée. La nature de trotteur du Golden, c'est-à-dire de chien sélectionné pour produire plus de puissance que de rapidité, demande une résistance particulière, d'où l'importance de posséder un thorax large et profond.
Une conformation du thorax « en tonneau » n'est pas souhaitable. Une telle forme donne un aspect lourd au chien,

Ch. It., Repr. Gracelines's Kungen av Cala Bassa (propr. et photo Élevage Kukkola)

n'offre pas une profondeur correcte et a une influence négative sur l'articulation de l'avant-main.

D'autre part, un thorax descendu sans une largeur adaptée constitue un défaut. Le développement complet est atteint, surtout chez les mâles, autour de l'âge de trois ans et, jusqu'à cet âge, le tronc n'adopte pas sa forme définitive.

L'expression « reins courts » désigne en réalité une certaine longueur de la région lombaire, qui constitue la jonction entre la région du dos et la croupe.

Des reins courts constituent une qualité indéniable parce que cette caractéristique est liée à la solidité du sujet et à la possibilité que ses masses musculaires représentent un support suffisant pour l'articulation postérieure durant le mouvement.

La ligne supérieure doit être droite, c'est-à-dire avec le garrot à la hauteur du point le plus haut de la croupe, une exigence qui se justifie d'ailleurs par la nature de trotteur du Golden. Les défauts de la ligne dorsale peuvent être un dos présentant des cassures, ensellé et cyphotique.

Ces deux derniers défauts sont les plus graves et consistent, dans le premier cas (lordose) en un relâchement de la colonne qui accuse un affaissement, entraînant ainsi un manque de solidité et une dispersion de l'énergie transmise par l'arrière-main.

Dans le second cas, on observe une courbure exagérée dans la zone dorso-lombaire avec un profil défini comme « dos de carpe » ou « dos cyphotique ».

La raideur excessive qui en découle entraîne une perte de souplesse, ce qui a des répercussions sur le mouvement, notamment à allure rapide.

Red Hot Chili Pepper (élev., propr. et photo Élevage Pizzicalaluna)

ARRIÈRE-MAIN

Reins et membres postérieurs forts et musclés ; les cuisses robustes et les grassets bien anguleux. Les jarrets bien descendus sont d'aplomb, vus de dos. Des jarrets de vache représentent un grave défaut.

On devine que la consistance musculaire de la cuisse est fondamentale puisqu'une cuisse peu musclée ne peut fournir l'apport nécessaire pour une poussée efficace de l'arrière-main. Les angulations de cette partie anatomique sont très importantes. Elles ont une influence déterminante sur la correction et l'efficacité du mouvement du chien.

L'inclinaison est fournie par le rapport entre les angles fémoro-tibial et tibio-métatarsien. La valeur de ces deux angles doit permettre au chien d'exploiter le mieux possible la puissance de sa musculature sans que cela ait une incidence sur sa résistance.

L'inclinaison du tibia est particulièrement importante puisque c'est elle qui est responsable de la conformation de l'angle. En effet, le fémur et le métatarse sont limités dans leurs oscillations d'inclinaison. Un angle trop ouvert correspond à une arrière-main droite, entraînant une limitation des mouvements en raison de la difficulté à exploiter pleinement la capacité musculaire. Un angle trop fermé donne lieu en revanche à une arrière-main trop fléchie qui ne peut pas non plus assurer les qualités de résistance adaptées.

Le jarret constitue la véritable charnière du mouvement, d'où l'importance de sa solidité et de sa résistance (la pointe du jarret, c'est-à-dire le calcanéum, représente le bras de levier du mouvement et sa longueur est donc fondamentale). Quand on examine les lignes

Ch. Croate et Int. Karvin Zaicca (élev. Karves, propr. Tomislav, photo Tamanini)

d'aplombs de l'arrière-main, il faut distinguer la vision de profil de la vision de dos. Dans le premier cas, la ligne d'aplombs va de la pointe de la fesse jusqu'au sol à proximité de la pointe des doigts, parallèlement au métatarse qui est donc perpendiculaire au sol. Si cette ligne touche le sol derrière ou devant ce point, le chien est défini respectivement comme « sous lui postérieurement » ou « hors de lui postérieurement ».

L'autre ligne d'aplombs est évaluée de derrière. Elle part de la tubérosité ischiatique, ou pointe de la fesse, et sépare en deux le membre postérieur jusqu'au sol. Quand le membre entier ressort ou se trouve à l'intérieur de la ligne d'aplombs, l'arrière-main est définie comme « trop ouverte » ou « fermée de derrière ». Si les jarrets sont trop rapprochés, ce qui éloigne les pieds, le chien est défini comme à « jarrets de vache ». À l'inverse, quand ce sont les jarrets qui s'écartent, entraînant ainsi le rapprochement des pieds, le chien est défini comme « cagneux ». Comme nous l'avons vu, les jarrets de vache sont considérés comme un grave défaut puisqu'ils pèsent lourdement sur la résistance de l'allure.

PIEDS

Ronds, pieds de chat.

La recommandation d'un pied compact, avec des phalanges solides et robustes qui donnent la forme définie comme « pied de chat » n'est pas dictée, comme on pourrait le penser, par des exigences purement esthétiques. En effet, un pied trop ouvert ou excessivement étalé n'offre pas de protection suffisante durant le mouvement et ne garantit pas la même résistance aux efforts. Parfois, un bon pied peut être gâché par un mauvais mouvement (par exemple sur des surfaces souples uniquement). Il est malheureusement difficile de corriger un pied dont la forme est incorrecte, même par des exercices ciblés.

QUEUE

Attachée et portée au niveau du dos. Elle atteint le jarret et ne s'enroule pas à l'extrémité.

La base anatomique de la queue est la dernière portion de la colonne vertébrale, en particulier des vertèbres coccygiennes. La queue a une très grande importance dans l'équilibre du chien et c'est elle qui donne au Golden son aspect caractéristique. On sait que le mouvement de la queue est une forme d'expression et que son battement joyeux est une des caractéristiques du Golden. Le port de la queue doit être sur la même ligne horizontale que le profil dorsal et son attache. Cette dernière, qui ne doit jamais être basse, est directement liée à l'inclinaison de la croupe. Sa longueur ne doit pas dépasser le jarret (naturellement chez le chien adulte) et sa forme, plutôt grosse à la racine, s'amincit progressivement vers l'extrémité. Les franges de la queue sont également très importantes ; elles atteignent leur maximum vers deux ou trois ans et donnent au Golden son aspect typique

ALLURES ET MOUVEMENT

Allures énergiques avec beaucoup d'impulsion. L'enjambée est longue et dégagée sans aucune tendance à relever les antérieurs.

Le Golden en mouvement doit donner une impression générale d'harmonie, de puissance et de souplesse, sans à-coups, sans cassures ni hésitations dans l'allure. Son enjambée doit être longue et raser le sol sans que l'avant-main ne soit trop haute. L'allure sautillante qui en

Stanroph Simbeau (propr. et photo Élevage Thuaidh)

Le pas souple et harmonieux de Xantos Indigo (élev., propr. et photo H. Morss)

découlerait serait en effet un gaspillage d'énergie. D'autres défauts sont liés au « décollement » des coudes, quand ceux-ci subissent un déplacement vers l'extérieur au lieu de rester collés au tronc pendant le mouvement. Un thorax insuffisamment large entraîne un faible écartement entre les membres antérieurs, qui ont donc tendance à se croiser pendant le mouvement. Des jarrets de vache ou cagneux sont des défauts qui ont une influence sur l'efficacité fonctionnelle de la marche du Golden. La rotation du membre dans sa portion distale du métacarpe et du pied, respectivement vers l'intérieur et vers l'extérieur, entraîne dans un cas la diminution de la base d'appui et, dans l'autre cas, son augmentation.

Contrairement aux galopeurs, la nature de trotteur du Golden fait que les membres cagneux représentent plus un défaut que les panards. En effet, la diminution de la base d'appui représente un avantage pour la vitesse mais n'apporte aucun bénéfice pour l'allure de prédilection du Golden.

Les défauts de mouvement de l'arrière-main sont liés à une conformation qui ne permet pas un équilibre correct ni une utilisation fonctionnelle de la puissance transmise par la musculature.

On rencontre en particulier :

– l'arrière-main arquée, entraînant une perte de puissance ;

– les jarrets de vache, c'est-à-dire quand les jarrets, dans leur position rapprochée, interfèrent sur l'efficacité du mouvement et entraînent une perte de puissance. L'animal a alors tendance à pousser latéralement son membre au moment de l'appui ;

– le mouvement trop fermé avec un appui des pieds trop rapproché, ayant des conséquences sur l'équilibre et la netteté de la marche.

POIL

Lisse ou ondulé, avec de bonnes franges. Poil épais, imperméable ; le sous-poil est abondant.

Le poil ne doit pas présenter un aspect bouclé. La consistance doit être moelleuse et soyeuse, avec un sous-poil bien réparti qui constitue une bonne défense contre les intempéries. La consistance laineuse de certaines robes, souvent accompagnée d'une abondance de poils n'est pas souhaitable. En effet,

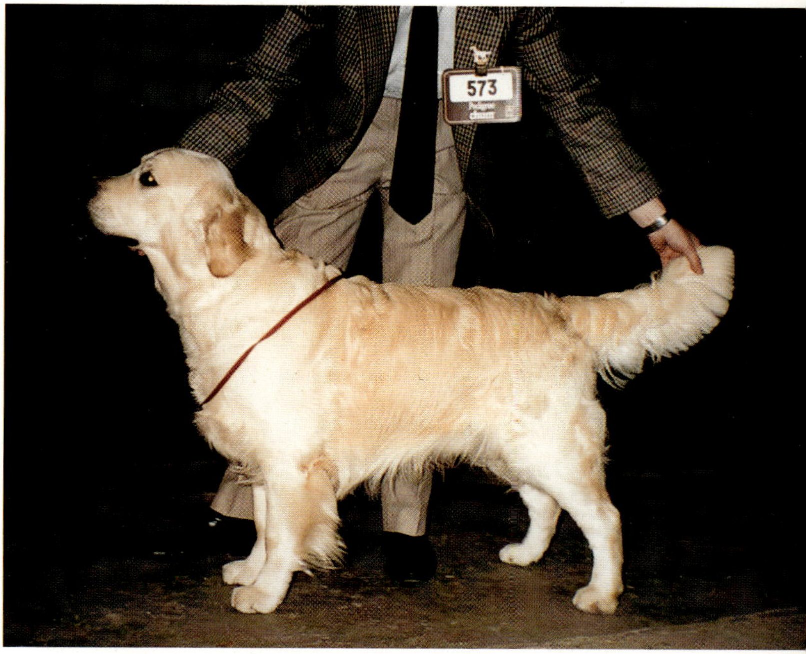

Ch. Linchael Conspiracy of Chevanne (élev. Anderson, propr. Scragg, photo Frickstrand)

Latus Anniae Baciami Billy Player (propr. et photo Élevage Latus Anniae)

Ch. It. et Lux. Lamier's Isabella (élev. Bjuhr, photo et propr. Maria del Mar)

le comportement d'un tel type de poil au contact de l'eau est exactement le contraire de ce qui est demandé : il se mouille très facilement, se sèche difficilement et se comporte comme une éponge, alourdissant le mouvement du chien dans l'eau.
Le Golden est un sujet soumis à des mues saisonnières, généralement deux fois par an et après les chaleurs chez les femelles. La longueur et la consistance définitive des franges caractéristiques sur les pattes, le thorax et la queue ne sont atteintes que vers l'âge de deux ou trois ans.

COULEUR

Tous les tons allant de l'or au crème, sauf l'acajou et l'orangé. On admet la présence de quelques poils blancs sur le poitrail.

Comme le dit le standard, toutes les nuances sont admises, de l'or au crème, en excluant l'orangé et l'acajou. La couleur crème clair, ou « pale cream », a posé problème, notamment pour les sujets qui ont participé à la diffusion de la race en Italie. En effet, la couleur crème et ses nuances n'étaient pas prévues dans le premier standard de 1913 et elles n'y ont été introduites qu'en 1936. La célèbre éleveuse Mrs Charlesworth, dans son livre *The Book of the Golden retriever* publié en 1933, rapporte qu'à l'époque de la première version du standard, bien que la lignée originale de Lord Tweedmouth eût une coloration « cream », on considérait comme préférable d'essayer d'orienter l'élevage vers des colorations plus marquées. La décision de 1936 doit être interprétée comme un revirement par rapport à la première version et une prise en

Le Ch. Mond. et des Pays-Bas (importé de Grande-Bretagne) Tugwood Maxim, exemple de couleur or intense (élev. Axe, propr. et photo Dekkers)

Le Ch. Int., Mond., Pays-Bas, Belg. et All. (importé de Grande-Bretagne) Standfast Angus, exemple de couleur « pale cream » (élev. Caisley, propr. Roef/Gerritsen, photo Etelaar)

compte de la présence de ce type de coloration dans la race. Que ce soit sur sa terre d'origine ou dans les pays qui ont été les premiers touchés par la popularité du Golden, on n'a jamais considéré que la couleur crème clair, « pale cream », devait être pénalisée ni même être considérée à la limite ou hors des impératifs du standard. Il suffit de rappeler, à titre de démonstration, que plusieurs dizaines de champions anglais et scandinaves avaient précisément une robe d'une couleur extrêmement claire. Les États-Unis constituent la seule exception avec un standard considérant comme indésirable une coloration extrêmement claire ou extrêmement foncée.

Il est évident que chaque éleveur a sa coloration préférée et que dans un jugement personnel, l'appréciation du « pale cream » peut être variable.

La question de cette couleur est devenue étrangement importante en Italie à la suite de l'augmentation de la popularité de la race, quand un plus grand nombre de sujets furent présentés dans les expositions. En effet, certains juges italiens ont alors décidé de pénaliser les chiens de cette tonalité.

On comprend l'effet qu'ont provoqué ces décisions parmi les éleveurs et les propriétaires, d'autant plus que chez les juges spécialisés étrangers, il est très rare de trouver une allusion à la couleur et encore moins dans la liste des défauts.

Cela a donné lieu à des polémiques et à des prises de position assez désagréables bien que tout à fait justifiées.

Il me semble important de rappeler à ce sujet que :

– il est assez inhabituel de porter son attention sur un seul détail, qui reste secondaire par rapport au chien dans son ensemble ;

– il serait souhaitable que la même attention soit portée sur d'autres problèmes plus importants de la race, même s'ils sont moins... visibles et donc plus difficiles à relever ;

– on est obligé de tenir compte des critères de jugement adoptés dans le pays où le Golden est né et s'est

Ch. Dan. et Suéd. Tallygold Waiting in the Wings (élev. Holm/Hansen, photo Frickstrand)

Un groupe de l'élevage Dewmist dans une ambiance nordique

développé. Cela doit représenter le point de référence incontournable pour la race.
Il est souhaitable que l'on renonce dans les jugements à l'utilisation d'expressions du type « couleur juste », « bonne couleur », « de la couleur préférable », étant donné que le standard ne prévoit pas *une* couleur précise.
Les choses sont différentes quand on considère qu'une nuance de couleur n'entre pas parmi celles qui sont admises dans le standard. Dans un tel cas, le juge doit indiquer clairement son opinion sans se retrancher derrière des expressions vagues.
La situation s'est toutefois considérablement améliorée au cours de ces dernières années grâce à l'internationalisation de la cynophilie. Les juges et les exposants fréquentent de plus en plus les expositions étrangères et on peut s'attendre à ce que d'ici peu cette querelle sur la couleur ne soit plus qu'un mauvais souvenir.

TAILLE

Hauteur au garrot :
Mâles 56-61 cm
(22-24 pouces).
Femelles 51-56 cm
(20-22 pouces).

Le standard actuel ne fait pas du tout référence au poids du Golden mais seulement à sa taille.
L'évaluation du bon poids d'un chien est donc laissée à l'appréciation du juge et de l'éleveur. D'une façon géné-

rale, on peut dire que le Golden ne doit pas donner l'impression d'être un chien ni trop mince ni trop gras. Des accumulations de graisse sur la cage thoracique et sur la région lombaire doivent absolument être évitées parce qu'elles dégagent une impression de lourdeur contraire à la notion d'« harmonie ». En ce qui concerne la taille, on peut dire qu'indépendamment de sa taille au garrot, un chien peut donner l'impression d'être trop grand ou trop petit à cause de son aspect général ou d'un manque d'équilibre entre les membres, la tête et le corps.

DÉFAUTS

Tout écart par rapport au standard doit être considéré comme un défaut qui sera pénalisé selon sa gravité.

La gravité d'un défaut est directement liée à sa répercussion sur la fonction pour laquelle la race a été sélectionnée et à sa capacité à être transmis aux descendants. Le chien parfait n'est pas encore né et même les plus grands champions ne sont pas exempts de défauts plus ou moins importants. Quand on évalue la qualité d'un sujet, il est fondamental d'établir le solde entre ses défauts et ses qualités.

NOTE

Les mâles doivent avoir deux testicules de taille et d'apparence normales, complètement descendus dans le scrotum.

sujet typique
bien équilibré

sujet au corps
trop trapu

sujet un peu lourd et
à la ligne dorsale
un peu tombante
(lordose)

sujet un peu léger
dont les membres ne
forment pas un angle
suffisant

© Hermeline/Cogis

LE GOLDEN ACTUEL

Actuellement, la popularité de la race reste intacte dans les pays où elle avait déjà atteint un niveau élevé. Dans d'autres pays, comme en France, où sa connaissance et sa diffusion sont plus récentes, l'augmentation est constante. Il semblerait, même si l'on ne dispose pas de statistiques précises, que le propriétaire d'un Golden montre plus d'attachement et de fidélité à la race que d'autres possesseurs de chiens de race. En effet, il arrive souvent qu'à la mort de leur compagnon, les propriétaires de chiens préfèrent changer de race. Or, dans le cas du Golden, la majorité des maîtres remplacent sans hésitation leur animal par un autre Golden !
Des éleveurs ayant plusieurs dizaines d'années d'expérience racontent même qu'il leur est arrivé de fournir jusqu'à quatre générations de Golden retrievers à la même famille. Ce choix s'explique

Photo P. Visintini

Groupe de Golden retrievers Dreamylake au bord d'un lac (propr. et photo Élevage Dreamylake)

certainement par le fait que le Golden présente de très nombreuses qualités et bien peu d'aspects négatifs. Toutefois, s'il convient à de nombreux types de maîtres, cela ne signifie pas que ce chien soit adapté à tout le monde. Ainsi, ceux qui mènent une vie sédentaire, qui aiment passer leur temps libre en lisant un livre devant la cheminée ou encore qui préfèrent un après-midi devant la télévision plutôt que de se promener en forêt doivent éviter de choisir un Golden.

De même, il ne correspond ni à ceux qui ont une vie si bien remplie qu'ils ne peuvent consacrer que quelques minutes par jour à leur chien, ni aux familles dont tous les membres sont absents pendant presque toute la journée.

Enfin, il ne convient pas aux personnes pour qui le chien est comme un « objet » que l'on enferme dans quelques mètres carrés de jardin et auquel elles ne consacrent que le temps et les soins strictement nécessaires à sa survie.

Pour résumer, on peut dire que seules les personnes considérant leur chien comme un membre de la famille à part entière sont prédisposées à posséder un Golden.

LE GOLDEN : UN CHIEN DE TRAVAIL ?

Le Golden, comme on le sait, est avant tout un chien de chasse spécialisé dans le rapport du gibier et il a été sélectionné par l'homme dans ce but. Comme toutes les races nées pour un travail particulier, leur structure morphologique et leur profil caractériel ne sont pas le fruit du hasard, mais le résultat d'une sélection visant à mettre en valeur et à fixer certaines caractéristiques.

Il serait très grave d'oublier cette action d'origine parce que cela pourrait conduire, à longue échéance, à dénaturer les prérogatives et l'essence même de la race.

Il est difficile aujourd'hui d'évaluer l'importance de la fonction cynégétique chez le Golden et son rôle dans sa diffusion parce que l'évolution a conduit à toute une série de phénomènes qui ne sont pas simples à analyser.

Dans la patrie d'origine de la race, en Grande-Bretagne, nous avons vu que la distinction entre lignées de travail et lignées d'exposition s'était accentuée de plus en plus à partir de la fin de la Seconde Guerre mondiale. Cela s'explique certainement par la multiplication d'épreuves de chasse artificielles, c'est-à-dire de la « chasse pratique » au cours de laquelle la prestation du chien est précisément réglementée et évaluée par des points pour obtenir un classement. Cette situation a conduit au cours du temps à la formation de typologies de chiens avec des caractéristiques très différentes, tout en appartenant formellement à la même race. Afin de les voir briller dans les *field trials*, on a commencé progressivement à sélectionner des chiens à l'ossature légère, possédant de grandes qualités de rapidité et de souplesse, ainsi que, naturellement, de dressage et d'habileté à la chasse. Par ailleurs, les éleveurs qui privilégiaient uniquement les expositions ont quant à eux davantage veillé aux caractéristiques morphologiques et structurelles de leurs chiens qu'à leurs qualités d'aptitude et psychologiques. Le résultat est une distinction sans aucun doute trop tranchée entre les deux types et les chiens capables de bien faire dans les deux secteurs constituent l'exception. En réalité, si l'on consulte le standard, il apparaît nettement que ceux qui se sont le plus éloignés du modèle idéal sont les éleveurs de chiens de lignées de travail (les personnes ayant eu la chance d'assister à un *field trial* me comprendront). En effet, très souvent, ces chiens, même s'ils remportent beaucoup de titres, présentent un aspect qui est loin d'être typique…

On peut donc comprendre

L'instinct pour la chasse se manifeste souvent dès les premiers mois

Latus Anniae Baciami Lulamee pendant le jugement (propr. et photo Élevage Latus Anniae)

que les éleveurs respectant le standard se sentent frustrés dans leurs aspirations au cours des épreuves de travail. En effet, leurs chiens, malgré tous leurs efforts, ne sont pas capables de rivaliser à armes égales avec ces chiens, certes moins typiques mais beaucoup plus rapides et aux capacités cynégétiques supérieures.

C'est pourquoi beaucoup d'éleveurs n'œuvrent que dans un seul secteur, celui des expositions et renoncent aux épreuves de travail.

Toutefois, tous ne se sont pas découragés et beaucoup d'entre eux, surtout dans les pays comme l'Angleterre où la victoire dans un *field trial* n'est pas aussi inaccessible, ont décidé de se lancer dans le difficile travail de sélection de chiens *dual purpose*, c'est-à-dire à la fois « beaux et bons ». Ces chiens sont capables d'affronter des épreuves de travail et possèdent en même temps une morphologie et des caractéristiques excellentes.

Cette voie est vraiment difficile à emprunter, pas tant pour les problèmes de sélection des sujets, qui sont surmontables, que pour le fait qu'il est très rare d'obtenir des récompenses à la fois dans les expositions et dans les épreuves de travail.

Il serait souhaitable que les sujets sélectionnés uniquement pour le travail soient tout de même examinés plus rigoureusement sur la base des qualités morphologiques décrites par le standard. Cela éviterait que des chiens peu typiques puissent remporter une épreuve de travail, pre-

Dreamylake Lion fier de son rapport (propr. et photo Élevage Dreamylake)

Chivas Cotton Lace et sa fille Dreamylake Daredevil (photo et propr. Élevage Dreamylake)

nant ainsi la place d'autres chiens vraiment typiques et aux qualités cynégétiques correctes mais pas suffisantes pour lutter à armes égales avec les premiers. En Italie par exemple, pour remporter le titre de champion de travail, il est demandé non seulement trois CACS en travail, mais aussi d'obtenir la mention « très bon » dans une exposition spéciale ou un rassemblement de la race. (En France, il faut quatre CACS pour un mâle, trois pour une femelle, et la mention « très bon » dans une exposition de beauté).

Malheureusement, ce « barrage » n'est pas suffisant puisque la mention « très bon » est souvent considérée par de nombreux juges comme l'appréciation minimale donnée à un chien, sauf en cas d'écart flagrant par rapport au standard. Il n'est donc pas difficile pour un chien presque typique d'obtenir tôt ou tard cette mention.

Par ailleurs, on pourrait envisager de ne délivrer un titre à un chien en exposition que s'il démontre une aptitude au travail et à la chasse typiques de sa race.

Il faudrait dans ce cas établir quel type d'épreuve peut être considéré comme indicatif. En effet, les épreuves proposées habituellement ne remplissent pas toujours ce but étant donné qu'il est difficile de distinguer l'aptitude naturelle du dressage.

QUEL AVENIR POUR LE GOLDEN ?

La diffusion de la race pose le problème de la sauvegarde de l'origine du Golden, dont la nature est celle d'un chien né pour la chasse.

Il est évident que le succès obtenu par le Golden est peu lié à sa fonction de chien de rapport. En effet, il doit sa

Un Golden en phase de rapport avec un lièvre

popularité en grande partie à son image de chien « idéal » pour la famille et à son caractère docile et agréable avec l'être humain.
Pourtant, pour certains, la possession d'un Golden ne peut se justifier que si elle est liée à son utilisation exclusive comme chien de chasse. Cette conception est non seulement anachronique mais aussi utopiste. Une grande partie de l'opinion publique est opposée à la chasse, considérant cette pratique contraire aux principes de sauvegarde de l'environnement et de défense de la faune sauvage.
Il faut ajouter que l'utilisation du Golden (et du retriever en général) pour la chasse a été et reste encore limitée. En effet, le type de chasse pratiqué sur notre territoire a conduit à préférer des chiens « polyvalents » plutôt que des chiens « spécialisés ».
La véritable chance d'une race (pas celle, « artificielle », fruit de certaines modes passagères) repose nécessairement sur un élevage sur lequel on puisse compter, notamment par le nombre de sujets élevés.
Ainsi, beaucoup de races de chasse doivent leur bonne santé au fait que leurs chiens constituent les auxiliaires de

Photo de groupe (propr. et photo Maria del Mar)

Un Golden dans le rôle du « porteur »

milliers de chasseurs. Cela contribue à les rendre indispensables et obligatoirement liées au monde de la chasse.

Il vaut donc mieux éviter de prendre des positions de principe stériles et accepter l'idée que beaucoup de personnes abordent le Golden sans tenir compte de son lien avec la chasse. Rien n'empêche ensuite les propriétaires de découvrir que le chien qu'ils ont choisi n'est pas seulement un très bon compagnon de jeu pour leurs enfants.

Ils constitueront une minorité par la force des choses mais il faut les aider d'une manière ou d'une autre à comprendre ce que leur chien peut être amené à faire grâce au dressage et aux qualités naturelles qu'il possède.

De plus, un propriétaire peut très bien parvenir à comprendre l'enrichissement que comporte un travail en commun avec son chien et l'utilise pour créer un bon rapport avec son compagnon. D'une part le rôle des éleveurs est donc très utile parce qu'ils sauvegardent les caractéristiques typiques de la race des chiens qu'ils sélectionnent. D'autre part, les sociétés et clubs spécialisés de race fournissent l'aide nécessaire aux propriétaires pour qu'ils aient envie d'utiliser leurs chiens dans des activités de travail.

Styal Santacharissa et Fantastic Chiaroscuro Golden Angels of Oberach sur la neige (propr. et photo Élevage Chiaroscuro)

Les occasions peuvent être multiples, allant du simple dressage à l'épreuve de chasse, de l'agility à la protection civile.
L'essentiel, c'est de faire prendre conscience à tous les propriétaires de Golden que le chien qu'ils ont choisi comme compagnon est le témoignage vivant d'un travail débuté il y a très longtemps.
Dans certains cas, on peut relever une certaine contradiction chez les éleveurs qui d'un côté défendent avec force l'utilisation du Golden à la chasse, mais qui, de l'autre, vendent leurs chiots à des personnes qui ne seront jamais des amateurs de *field trial* ni des chasseurs. Je ne suis donc pas d'accord avec les personnes qui, atteintes du « syndrome du travail », taxent d'irresponsabilité vis-à-vis de la race les propriétaires qui ne fréquentent pas les stages de dressage, aujourd'hui organisés en grand nombre. Ces défenseurs du travail de la race expliquent leur position par « l'éveil nécessaire de l'ADN du chien pour le travail ».
Au-delà du fait que l'on peut s'interroger sur la possibilité d'« éveil » d'une molécule, je crois que le discours sur les aptitudes naturelles d'un chien pour un travail donné est en réalité plus complexe. De même, cette prédisposition ne peut pas être évaluée simplement en tenant compte de la capacité d'un sujet à rapporter mécaniquement un manchon en tissu (ce que d'ailleurs beaucoup d'autres races sont capables d'accomplir très bien) ou à répondre au son d'un sifflet.
Tout ce qui peut rapprocher l'homme de son chien est le bienvenu... alors apprenons à respecter même les maîtres qui se contentent de se promener avec leur compagnon dans les bois.

Photo P. Visintini

LE CHIOT

OÙ S'ADRESSER

Pour acheter un chiot de Golden retriever, on s'adresse soit directement à un éleveur, soit à une animalerie.
L'éleveur est généralement quelqu'un qui connaît précisément la race et qui peut donc fournir à l'acheteur potentiel toute une série de conseils, fruit de son expérience avec cette race spécifique. La connaissance des lignées de sang et des sujets utilisés dans les accouplements lui permet avant tout d'être capable d'appréhender l'évolution possible du chiot et en même temps d'assurer au nouveau propriétaire une assistance qui ne se limite pas au moment de l'achat.
Si on choisit un magasin d'animaux, parfois simplement pour des raisons pratiques liées à sa proximité, il est important de s'assurer que le vendeur est en liaison avec des éleveurs sérieux et qu'il est capable d'offrir non seulement toutes les assurances médicales mais aussi les garanties nécessaires concernant la provenance du chiot. En effet, il arrive qu'après avoir payé une somme assez considérable pour se procurer un Golden retriever, les propriétaires aient la mauvaise surprise de constater qu'ils ne peuvent pas l'inscrire au LOF (c'est-à-dire au livre généalogique tenu par la Société centrale canine) parce que le pedigree a été délivré par une association qui n'est pas reconnue par la FCI (Fédération cynologique internationale). Cet organisme réunit, au niveau mondial, toutes les associations nationales qui se consacrent à la protection des races canines.

L'ÉLEVEUR

La définition d'éleveur s'applique à quiconque, même un simple propriétaire de chien de race pure de sexe féminin, produit une portée à la suite d'un accouplement avec un exemplaire mâle de la même race. Ainsi, même le propriétaire d'une seule femelle est, malgré lui, un éleveur potentiel. Généralement, ces éleveurs sont appelés communément « particuliers », en opposition à ceux que l'on définit comme des éleveurs « avec affixe ».
Il ne faut pas imaginer que l'achat d'un chiot auprès d'un éleveur particulier entraîne nécessairement l'acquisition d'un sujet de « deuxième catégorie ». Tout d'abord parce que ces chiots sont autorisés à être inscrits au Livre des origines et, de plus, de telles portées sont souvent le fruit de collaborations avec des éleveurs plus expérimentés. Il s'agit en général de l'éleveur d'origine du sujet femelle, auquel le particulier s'adresse une fois qu'il a décidé de tenter une telle expérience. Même les plus célèbres éleveurs ont commencé comme « particuliers » puisque pour obtenir l'affixe de la part de la SCC, il faut notamment avoir produit au moins deux portées.
Il est donc possible de trouver un très bon Golden, y compris en s'adressant à cette catégorie d'éleveurs, à condition de vérifier que l'accouplement

Les premiers contacts avec le monde extérieur s'effectuent sous l'aile protectrice de la mère

soit bien le résultat d'un choix attentif et non de la simple envie d'éprouver le « frisson » d'une portée (en utilisant par exemple le mâle si sympathique que l'on croise tous les jours dans un square...).

Le titulaire d'un affixe (c'est-à-dire de la « marque » constituée du nom qui suit et qui précède chaque sujet produit par cet élevage) a en revanche obtenu de la part de la SCC et de la Fédération internationale (FCI) la reconnaissance du titre d'éleveur de chiens de race pure. Cela constitue sans aucun doute une garantie de professionnalisme et de connaissance de la race. Naturellement, ce titre ne suffit pas à lui seul et il est conseillé de tenir compte d'autres éléments de choix. La liste des éleveurs peut être consultée auprès de la SCC ou de ses délégations régionales, dans les revues spécialisées, en fréquentant les expositions et les rassemblements organisés sous l'égide de la SCC ou en s'adressant directement au Retriever Club de France.

LE CHOIX

Une fois que l'on a décidé de franchir le pas et trouvé un ou plusieurs éleveurs, il est conseillé de leur rendre visite pour faire connaissance et d'évaluer le type d'élevage qu'ils dirigent et les sujets présents. Il faut aussi se renseigner sur les portées programmées et demander toutes les informations nécessaires.

Le contact personnel avec l'éleveur est important, tout comme les conditions de vie offertes aux chiens, l'hygiène ou encore l'organisation de l'élevage. De la lumière, de l'air et beaucoup d'espace sont des conditions essentielles pour garantir la bonne santé d'un Golden (comme d'ailleurs celle de tout autre chien).

Il arrive souvent que la personne souhaitant un chien soit très pressée de ramener chez elle ce chiot tant désiré.

N'importe quel éleveur pourrait témoigner des nombreux appels téléphoniques qu'il reçoit de personnes réclamant une « livraison rapide », comme s'il s'agissait d'une voiture, et qui ne sont intéressées que par le fait que le chiot soit disponible immédiatement.

Dans ce domaine plus que dans d'autres, la hâte est toutefois mauvaise conseillère. En effet, il est incompréhensible que l'on accepte par exemple d'attendre plusieurs mois pour obtenir une voiture du modèle ou de la couleur désirés, qui sera de toute façon remplacée quelques années plus tard, alors qu'on n'est pas disposé à le faire pour un chien. Pourtant, il ne faut pas oublier que ce chien va rester avec nous au moins dix ou douze ans, voire plus, si tout se passe bien, et ce délai permet en outre de visiter d'autres élevages.

Un mauvais choix entraîne, dans le meilleur des cas, une cohabitation prolongée qui n'apporte pas tous les plaisirs et les joies que l'on est en droit d'attendre mais, dans le pire des cas, des problèmes bien plus graves.

La plupart des éleveurs ont choisi cette profession après être ressorti un jour d'un élevage avec un chiot sous le bras. Pour certains, cela a entraîné un véritable choix de vie et ils n'imaginaient certainement pas que cette passion prendrait autant d'importance et que leur existence changerait aussi radicalement...

Chiots de l'élevage Latus Anniae (photo et propr. Élevage Latus Anniae)

Photo de groupe des chiots de l'élevage Thuaidh à sept semaines (photo Élevage Thuaidh)

Y PENSER… DEUX FOIS

Mon expérience d'éleveur m'a apporté une conviction à laquelle je tiens fermement : trop de gens ont l'idée de posséder un chien sans avoir évalué avec suffisamment d'objectivité toutes les conséquences qu'un tel choix peut entraîner. J'ai l'habitude de dire à ces personnes qu'il n'est pas obligatoire d'avoir un chien et qu'il n'y a rien de honteux à mener une vie dans laquelle le chien n'a pas sa place.

Dans la vie de chacun, il existe des besoins et des priorités qui sont parfois incompatibles avec un choix réclamant quotidiennement un minimum de temps et de disponibilité, en plus des activités quotidiennes habituelles.

Naturellement, rien n'est jamais figé et les situations personnelles de chacun peuvent évoluer. Le déroulement de la conversation avec les « aspirants » propriétaires se déroule souvent de la même manière : après les politesses initiales, dès les premières questions – et leurs réponses – apparaissent les premières… hésitations. Ils commencent alors à réaliser qu'ils n'avaient pas pris en compte tous les aspects de la vie quotidienne, même les plus évidents, à cause de leur enthousiasme et de leur inexpérience. Ils découvrent par exemple qu'un chien ne peut pas se retenir de faire ses besoins au-delà d'un certain nombre d'heures, qu'au cours des premiers mois, le chiot a besoin de plusieurs repas par jour, qu'il faut choisir pour les vacances un hôtel ou un camping qui accepte les chiens ou encore qu'un chien perd ses poils et qu'en y réfléchissant bien, le canapé blanc tout neuf du salon est en danger…

Après avoir réalisé tous ces

aspects nouveaux, il arrive souvent que la famille se lève et s'en aille, annonçant qu'elle reprendra contact, alors que tout le monde sait très bien que ce ne sera pas le cas. D'autres personnes en revanche, peut-être après y avoir repensé et en ayant intégré tous ces éléments, franchissent tout de même le pas qui va sans aucun doute changer leur vie.

MÂLE OU FEMELLE ?

La première question difficile qui se pose est la suivante : mâle ou femelle ? Il n'existe naturellement pas d'indications ni de conseils qui permettent d'affirmer qu'un des deux choix est meilleur que l'autre. Chez le Golden retriever, le dimorphisme sexuel est assez marqué et la différence entre des chiens de sexe différent est donc visible au premier coup d'œil. Le mâle a une structure plus imposante, une taille plus haute. Au moment de la maturité, vers l'âge de trois ans, sa robe et son thorax bien développé lui donnent un aspect majestueux. La femelle, qui atteint son aspect mature plus rapidement, a une taille plus basse de quelques centimètres, une conformation plus mince et plus légère ainsi qu'une expression plus douce. À part l'aspect extérieur, un critère de choix peut être la diversité comportementale des deux sexes. Toutefois, ces différences ne sont pas très grandes et dépendent souvent plus du caractère des parents et du milieu dans lequel le chien grandit. D'une façon générale, le mâle est plus vif que la femelle et il a besoin, surtout quand il est jeune, d'une « main » plus ferme pour l'aider à comprendre la différence entre ce qui est permis et ce qui est interdit. En raison de sa nature de mâle, il est normal – surtout avant qu'il atteigne sa maturité – qu'il adopte des attitudes le plus souvent passagères d'« aspirant chef de bande » par rapport aux autres mâles et même, bien que plus rarement, envers les membres de la famille. Dans ce dernier cas, comme il s'agit d'un Golden, cela ne se traduit pas par de l'agressivité mais plus sim-

The Passion of Mind (propr. et élev. Maria del Mar)

plement par de la désobéissance.
La femelle, généralement une fois tous les six mois, entre dans la phase de l'œstrus ou « chaleurs », durant laquelle elle est fertile et disposée à accepter le mâle. Les problèmes liés à la période de l'œstrus constituent en général la raison pour laquelle les gens optent pour un mâle. En réalité, il s'agit de problèmes que l'on peut résoudre avec un minimum de précautions. Les petites pertes initiales de sang sont par exemple facilement résolues dans le cas d'un chien d'appartement, en utilisant des couches que l'on trouve dans le commerce. Le danger de gestations non désirées, qui ne dure généralement pas plus de deux semaines, peut être évité en faisant en sorte de ne pas laisser la femelle seule dans un lieu accessible à des chiens mâles.
Une autre crainte répandue est que la chienne soit obligée de se reproduire au moins une fois dans sa vie, sous peine d'attraper de graves maladies. Bien qu'il n'existe pas de statistiques précises, les vétérinaires pensent en effet qu'une chienne qui n'a pas de petits est plus exposée au risque de

Malgré les apparences, il est plutôt difficile de contenir la vitalité d'un groupe de chiots de Golden retrievers dans un panier (chiots de l'élevage anglais Bramhills, photo Hill)

Le choix d'un chiot ne peut pas être guidé uniquement sur l'instinct (photo Gualdi)

tumeurs mamellaires à un âge avancé, même si l'on ne peut pas parler d'un rapport évident de cause à effet.
En conclusion, il est souhaitable que le choix du sexe soit fait par le futur propriétaire en évaluant objectivement ses besoins et son mode de vie. Par exemple, si la chienne a ses chaleurs à la veille du départ en vacances de la famille, sera-t-il capable de s'organiser pour faire face à une telle situation ?
Une autre question peut se poser : si le propriétaire choisit un mâle, trouvera-t-il le temps nécessaire pour lui enseigner le dressage de base afin que sa vitalité et sa masse ne constituent pas un problème ?
On remarque que les préférences des futurs propriétaires vont dans la majorité des cas vers un exemplaire mâle.
Pourtant, après tant d'années, je n'ai toujours pas franchement compris pourquoi tant de gens considèrent que prendre une femelle soit presque un choix par défaut, une sorte de solution de rechange. J'aimerais qu'ils en parlent avec les nombreux propriétaires de femelles qui sont au contraire enthousiasmés par leur choix.
À dire vrai, j'arrive quelquefois à convaincre certaines personnes de modifier leur choix en les invitant à réfléchir sur les avantages que comporte le choix d'une femelle, naturellement tout en tenant compte du milieu dans lequel le chiot va vivre.
Voici par exemple le cas d'une famille type composée d'un père qui travaille à l'extérieur, d'une mère au foyer et d'un fils de dix ans. Venus pour acheter un chiot, ils manifestèrent aussitôt leur volonté d'opter pour un mâle, motivant ce choix par les arguments habituels : il est plus beau, il est plus imposant, etc. Malgré mon insistance motivée par l'expérience et par le fait qu'aucun d'eux n'avait l'habitude d'un chien (à l'exception de la mère qui en avait eu un dans sa famille étant enfant), ils choisirent un mâle.
Ils partirent avec le mâle apparemment le plus calme de la

Relax avec sa mère (photo et élev. Maria del Mar)

Deux magnifiques chiots de l'élevage Thuaidh (photo Élevage Thuaidh)

portée, dépourvu de traits de dominance et qui avait l'air très équilibré.

Au bout de quelques mois, la famille a commencé à me téléphoner ; le chiot était désobéissant…, il grognait quand quelqu'un s'approchait du jouet qu'il était en train de mordiller… et il était impossible de le tenir en laisse…

Après une série infructueuse de consultations téléphoniques, la famille vint me voir au grand complet un dimanche et malgré une petite résistance initiale, éradiquée immédiatement en ayant recours à une « grosse voix » et quelques « calottes », le chiot s'est mis à marcher en laisse avec moi sans aucune difficulté.

Après leur avoir expliqué que ce résultat n'avait rien à voir avec la magie, j'ai essayé de comprendre pourquoi ce chien se comportait ainsi dans sa famille. Après quelques précisions, tout est devenu plus clair. Le père, le seul qui travaillait, était toujours à l'extérieur et il ne voyait le chien que tard le soir et le week-end. La mère passait son temps avec le chiot et, d'une nature très douce, elle le gâtait trop en l'autorisant à faire pratiquement tout ce qu'il voulait. Le chien, en bon chef de bande, avait donc trouvé en elle sa « femelle » et il se comportait tout autrement avec les deux « mâles » de la maison. Il montrait de l'indifférence et du dédain envers le fils et une jalousie extrême et une grande désobéissance envers le père. Ce dernier tentait alors d'affirmer sa suprématie en adoptant la manière forte au cours des rares moments qu'il passait avec le chien.

Sans heurter la susceptibilité des propriétaires, j'ai donc essayé de leur faire comprendre ces mécanismes de base de l'éthologie pour qu'ils modifient leur comportement afin d'obtenir quelques résultats.

Malheureusement, quand un mécanisme comme celui-là

est enclenché, il est difficile de le faire disparaître et finalement, au bout d'un an et demi, la famille me demanda de placer ce chien qui manifestait de plus en plus d'agressivité envers le père.

Heureusement, j'ai eu la chance de trouver une solution presque immédiatement. Un jeune couple a pris le jeune chien, satisfait de ne pas avoir à payer le prix d'un chiot tout en étant conscient des problèmes qu'ils allaient devoir affronter.

Au bout de quelques mois, tout était rentré dans l'ordre dans la famille et le nouveau chien, une femelle parfaitement intégrée, n'a montré aucun des comportements gênants précédents.

Cet exemple ne montre pas que tous les mâles posent des problèmes et que toutes les femelles sont faciles à élever, mais il permet de bien comprendre que, dans certaines situations, il faut réfléchir attentivement avant l'achat d'un exemplaire mâle.

L'AVENTURE COMMENCE

En général, c'est autour de huit ou dix semaines que le chien est confié à son nouveau maître qui vient donc enfin retirer ce chiot tant attendu ! On considère que la période qui s'étend de la cinquième à la neuvième semaine est la plus importante pour le chiot du point de vue de la socialisation avec ses semblables. Il est d'ailleurs préférable que cette dernière soit associée à une socialisation avec l'être humain pour faciliter la future cohabitation du chien. Quand un futur propriétaire se rend dans un élevage fiable et qui présente des chiens en bonne santé, il ne lui est pas toujours permis de faire son choix au sein d'une portée ou parmi les chiots du même sexe. L'éleveur peut avant tout décider de conserver

Les premières expériences sociales s'accomplissent à l'intérieur de la portée (photo Barthelemy)

Il est toujours recommandé de demander des conseils à l'éleveur quand on choisit son premier chiot (photo Barthelemy)

dans son élevage un ou plusieurs chiens, appliquer un critère de priorité en fonction de l'ordre des réservations ou enfin, comme cela se fait fréquemment, choisir en fonction du type de chiot. L'acheteur ne doit pas penser que ce choix forcé soit forcément mauvais. En effet, il est logique que l'éleveur essaie de donner le chiot qui correspond le mieux aux besoins de son futur propriétaire. Il ne serait pas intelligent, par exemple, de confier un chiot très vif et appelé à devenir imposant à une personne âgée ou à une famille ayant trois enfants en bas âge. De même, l'éleveur aura plaisir à donner un chiot dont la conformation apparaît prometteuse à des personnes qui expriment le désir de fréquenter les expositions de beauté, ou encore à confier celui qui semble avoir plus d'aptitudes naturelles au propriétaire qui a l'intention de mener un dressage poussé.

Par ailleurs, deux remarques s'imposent. Tout d'abord, personne n'est capable de prévoir le développement d'un chiot de deux mois, même si beaucoup de gens se targuent de pouvoir le faire. Cela s'explique par la croissance très rapide du chien qui est en plus influencée par une série de facteurs environnementaux et nutritionnels capables de modifier – le plus souvent dans le mauvais sens – l'état d'origine. Il est donc conseillé de se méfier des personnes affirmant avec certitude qu'ils vendent un futur champion (parfois pour justifier un prix plus élevé). Un éleveur expérimenté peut uniquement annoncer raisonnablement qu'un chiot présente des potentialités qui pourront faire de lui un chien proche des critères d'excellence de la race, c'est-à-dire peu éloigné du modèle idéal représenté par le standard.

ÉVALUER UN CHIOT

Voici brièvement quelques critères d'évaluation d'un chiot :

- Le chiot doit paraître en bonne santé, propre, avec les cavités oculaires et nasales dénuées de toute présence de mucus. Sa peau doit bien adhérer au corps et son poil, bien qu'encore duveté, ne doit pas être opaque.
- Les cavités auriculaires doivent être propres et sans odeur. Plus généralement, l'ensemble du chiot doit dégager une odeur caractéristique de cet âge, sans être âcre ni désagréable.
- Il faut contrôler que la zone péri-anale soit dénuée de résidus de déjections liquides qui pourraient indiquer la présence d'affections gastro-intestinales en cours.
- La pigmentation doit être marquée, avec la truffe, les fentes palpébrales et labiales de couleur noire, tout comme l'arcade du palais.
- Le museau doit être large, avec un stop marqué et l'attache des oreilles ni trop haute ni trop basse. La dimension des oreilles, souvent excessive à cet âge, ne constitue pas un problème parce que, avec le temps, elle s'harmonise avec le reste de la tête.
- La forme de la bouche doit être correcte avec une dentition qui montre déjà un articulé en ciseaux correct.
- Le chiot doit posséder une ossature robuste sans signe de fragilité ni de rachitisme, des aplombs inférieurs droits, de bonnes épaules avec un cou de longueur suffisante et une arrière-main présentant de bons angles. Il doit se déplacer sans boiter grâce à un bon fonctionnement de son arrière-train et sa ligne dorsale ne doit pas être « cassée » durant la marche.
- Le chiot doit adopter une attitude confiante et amicale envers les gens qu'il ne connaît pas, sans montrer d'agressivité excessive.
- Plus globalement, l'aspect général du chiot doit déjà donner une impression d'« harmonie » et d'« équilibre ». Cette impression va s'atténuer au cours de sa croissance puis se rétablir (c'est tout du moins souhaitable) à l'âge adulte.
- À cet âge, la couleur du Golden n'est pas définitive. Elle n'est atteinte que vers trois ans après avoir foncé progressivement. On peut avoir une idée très indicative sur la couleur finale de la robe en observant la couleur des oreilles, qui sont le plus souvent d'une tonalité plus foncée que le reste du corps.

C'est souvent en observant les chiots que l'on peut obtenir des indications sur le caractère qu'ils auront une fois adultes (photo P. Visintini)

Toutefois, même les éleveurs peuvent se tromper. Par exemple un jour, un chien titré d'un élevage anglais, cédé à des éleveurs néerlandais, avait été présenté par son éleveuse comme le cinquième choix parmi les sept chiots mâles présents dans la portée !
La deuxième remarque concerne l'éleveur. S'il est sérieux, tous les chiots qu'il soumet au choix de l'acheteur doivent être de bons Golden retrievers. Cela signifie qu'ils sont très typiques et qu'ils possèdent toutes les caractéristiques morphologiques et caractérielles de la race, pour satisfaire les attentes des propriétaires.
Il existe toutes sortes de tests basés sur les réponses du chiot à certaines stimulations et censés mettre en évidence des attitudes caractérielles particulières ou encore des attitudes d'agressivité ou de timidité excessive.
Selon moi, l'observation prolongée des comportements du chiot, de la quatrième à la huitième semaine, est plus efficace. En effet, cela permet souvent de remarquer une modification d'un trait caractériel au fur et à mesure que le chiot grandit et augmente son bagage d'expériences.
C'est en effet un jugement sans appel que de considérer par exemple un chiot comme trop agressif simplement

Chiot de l'élevage Latus Anniae (photo Élevage Latus Anniae)

L'amitié instinctive entre un chiot et un enfant (photo Maria del Mar)

parce que, au moment où le test est effectué, il réagit avec plus de détermination que les autres quand il est maintenu couché sur le dos.
Cette réaction peut être considérée comme une indication mais ne doit pas se transformer en évaluation définitive.

LE PREMIER VOYAGE

Le plus souvent, c'est en voiture que l'on va chercher le chiot. Les autres moyens de transport, comme l'avion et le train, sont plutôt rares et l'organisation de tels voyages incombent en général à l'éleveur.
Il faut tout d'abord programmer le rendez-vous avec l'éleveur à une heure qui permette, en tenant compte de la distance à parcourir au retour, de rentrer chez soi avant le soir. Le chiot disposera ainsi de quelques heures pour commencer à s'acclimater à sa nouvelle maison. Pour le voyage, il est utile de prévoir :
– une bouteille d'eau fraîche et une écuelle ;
– un rouleau de papier essuie-tout, de vieux journaux et quelques chiffons qui peuvent être utiles si le chiot vomit (ce qui se produit généralement au cours du premier voyage) ;
– une laisse, s'il est nécessaire de s'arrêter au bord de la route pour que le chiot fasse ses besoins ;
– une vieille couverture à étaler sur la plage arrière de la voiture ou sur la banquette où le chiot sera installé.
Au moment de la remise du chien et après avoir payé la somme fixée, l'éleveur remet le carnet de santé indiquant les vaccins déjà effectués. Le certificat d'inscription au Livre des origines (pedigree) n'est la plupart du temps jamais disponible au moment de la remise du chiot parce qu'il faut compter plusieurs mois à partir de la demande avant de l'obtenir. Par ailleurs, le chiot doit déjà être tatoué pour respecter la réglementation actuelle. Certains éleveurs remettent à l'acheteur un certificat officieux qui retrace sa généalogie jusqu'à la quatrième ou la cinquième génération Ce document ne remplace évidemment pas le pedigree original mais il fournit des informations précieuses à l'acheteur.
Pour offrir une garantie supplémentaire au propriétaire, l'éleveur peut également lui fournir une copie du modèle de déclaration de portée à la SCC.

Photo Gauzargues/Cogis

De même, il est conseillé de fournir une attestation prouvant que les parents du chiot ont été soumis à un examen radiographique montrant l'absence de dysplasie de la hanche et de pathologies oculaires. Personnellement, je fournis à l'acheteur quelques photos du père des chiots s'il ne se trouve pas dans mon élevage.

Enfin, les acheteurs, surtout s'ils sont novices en la matière, aiment bien recevoir un petit récapitulatif des règles de base concernant la vie du chiot et son comportement.

LE CHOIX D'UN CHIEN ADULTE

En général, quand on veut un chien, le choix se porte essentiellement sur un chiot, mais dans les pays qui ont une grande tradition cynophile, il est également assez courant de s'adresser à un éleveur pour lui demander un chien déjà adulte.

Ce choix est souvent dicté par le fait que l'éleveur, qui n'a pas intérêt à garder dans son élevage des sujets qui ont déjà accompli leur *cursus honorum*, est prêt à les céder gratuitement en échange de la vieillesse sereine que le nouveau propriétaire pourra leur offrir.

Il s'agit aussi parfois de sujets présentant des défauts qui les rendent inutilisables dans un élevage (par exemple la monorchidie) mais qui n'affectent ni la santé ni le bien-être d'un chien de compagnie.

La raison souvent invoquée est aussi de posséder immédiatement un chien déjà éduqué, échappant ainsi à la phase juvénile qui présente des aspects très agréables mais qui est aussi très prenante et qui peut poser problème, surtout avec la vie trépidante de la majorité des gens.

L'objection la plus fréquemment soulevée est qu'« un chien adulte ne s'attache pas autant qu'un chiot ». En ce qui concerne le Golden, cette crainte est totalement infondée. En effet, son caractère extrêmement équilibré et sa disponibilité innée envers le monde extérieur et l'homme en particulier le rendent capable de s'adapter à un changement aussi radical, sans traumatisme excessif.

Naturellement, il faut toutefois que le nouveau propriétaire ait conscience de devoir aider le chien, au moins au début. Il devra lui donner une dose d'affection et d'attentions équivalente à celle qu'il aurait consacrée à un chiot et également tenir compte, au moins dans un premier temps, des habitudes acquises par le chien.

Une autre possibilité est de conclure ce que l'on appelle un « pacte d'élevage ou de confiance ».

Cet arrangement s'applique quand l'éleveur cède le chien, chiot ou adulte, sans effectuer de transfert de pedigree. Ainsi, le chien reste à la disponibilité de l'éleveur pour d'éventuelles portées ou saillies. S'il est bien formulé, ce pacte permet de posséder des sujets de grande importance et de « se faire la main » si l'on a l'intention de devenir éleveur.

Comme le profane ne peut pas toujours mesurer les conséquences d'un tel pacte, il est conseillé de ne l'adopter que s'il existe une profonde confiance réciproque avec l'éleveur qui le propose.

LA VIE AVEC UN GOLDEN

LES PRÉPARATIFS AVANT L'ARRIVÉE DU CHIOT

Il est important de commencer à se préparer à accueillir le chiot avant qu'il n'arrive dans sa nouvelle maison. Il faut établir quelles sont les zones de la maison qui lui seront autorisées et celles qui lui seront interdites. Dans les endroits où le chiot pourra entrer, il est indispensable de retirer tout ce qui peut représenter un danger (prise de courant, fils électriques) ou une « tentation » pour commettre des bêtises irréparables (des napperons sur une table basse, tapis, etc.).
Il faut également fixer le lieu de son panier. Il est important que le chiot sache où aller pour se reposer tranquillement quand il en a envie. Si c'est à l'intérieur de la maison, il est conseillé de choisir un endroit peu chauffé et si possible qui ne soit pas un lieu de passage. Un vieux tapis, une couverture ou, mieux encore, une carpette de type *vet-bed* (que l'on

Le regard interrogatif et curieux d'un chiot de quelques semaines (élev. et photo Élevage Kukkola)

trouve dans les animaleries) ou un petit lit surélevé peuvent servir de panier idéal. Au moins les premiers mois, il ne faut pas se laisser tenter par les paniers en osier ou les couvertures très moelleuses qui sont peut-être plus esthétiques mais que le chiot adore mordiller. Si l'on décide de placer son panier à l'extérieur, il doit être installé à l'abri de l'humidité et du vent ainsi que naturellement de la pluie. Il est primordial que le panier pour l'extérieur ne soit pas trop grand par rapport à l'animal. En effet, avec un panier adapté à sa taille, on évite la déperdition de chaleur et la température reste idéale pour le chien. On trouve généralement dans le commerce des niches classiques mais elles présentent le gros inconvénient d'avoir leur entrée sur le côté le plus court, ce qui laisse le vent entrer facilement. Il est préférable d'en choisir une avec l'entrée située sur le côté le plus long, ce qui permet au chien d'être à l'abri des courants d'air.

Il est toutefois préférable d'installer le chiot à l'intérieur, au moins pendant les premiers mois pour pouvoir le surveiller plus facilement durant les heures nocturnes. De plus, la nuit est plus propice aux insectes porteurs de deux maladies très graves qui se sont à présent diffusées de manière endémique : la filariose et la leishmaniose. En laissant le chien à l'intérieur pendant la nuit, il est plus facile de le protéger contre elles grâce à des moustiquaires ou des produits insecticides.

Il faut toujours laisser une écuelle d'eau fraîche à côté du panier. Les meilleurs écuelles sont en acier inoxydable parce qu'elles sont non seulement hygiéniques mais aussi pratiquement indestructibles. Il est conseillé d'en acheter une qui soit dès le début adaptée à un chien adulte pour éviter de faire deux fois la même dépense.

Si vous avez un jardin, vérifiez qu'il est bien clos et retirez tout ce qui peut constituer un danger (en particulier les désherbants et les fertilisants).

Les passionnés de jardinage doivent savoir que le rapport jardin-Golden peut être très conflictuel, surtout au cours des deux premières années de la vie du chien.

Mon expérience personnelle de pépiniériste amateur a été ponctuée au fil du temps de nombreux « conflits » dus au plaisir subtil qu'éprouvaient

La petite Guia joue avec « ses » chiots

Aucun plaisir n'est comparable à celui de creuser un grand trou et de se coucher sur la terre humide

LES PREMIERS MOIS

La première année d'un Golden est absolument fondamentale pour sa vie future. En effet, que ce soit d'un point de vue morphologique ou caractériel, c'est durant cette période que se mettent en place les bases qui donneront un chien en bonne santé, répondant psychologiquement aux canons de la race. Cette responsabilité incombe en grande partie au propriétaire même si parfois, malgré la meilleure volonté du monde, il lui est impossible d'avoir la moindre prise sur certains événements imprévisibles.

Je voudrais faire une remarque éthologique, qui s'adresse notamment à tous ceux qui ne sont pas familiarisés avec la psychologie canine et en particulier celle du Golden. La certains de nos chiens à arracher des plants et des buissons ou encore à « tailler » des rosiers en toutes saisons. Sans parler de l'irrésistible tentation de creuser de gros trous pour s'y enfoncer avec volupté…

Voici donc quelques conseils destinés à ceux qui ont un jardin :

– utilisez le plus possible des pots en terre cuite (grands de préférence !) et évitez les plantations en pleine terre ;

– défendez vos plantations avec une protection d'au moins cinquante centimètres de hauteur ;

– n'utilisez pas de fumier comme engrais parce qu'il attire irrésistiblement le chien.

Il arrive toujours un moment où le chiot a envie d'explorer seul le monde inconnu (photo Français/Cogis)

grande aptitude de cette race pour le dressage ne vient pas, comme on pourrait le croire, d'une sorte de « savoir inné » qui permettrait au chien d'adopter des comportements corrects même sans aucune instruction. Cette conception totalement fausse conduit certains propriétaires à de graves désillusions mais, heureusement, tout rentre souvent dans l'ordre une fois qu'ils ont compris la véritable nature de leur chien. Son cerveau peut être comparé à une page blanche sur laquelle devront être inscrites les règles comportementales exigées par le propriétaire. Concernant le Golden, cette démarche est très facile étant donné sa joie d'apprendre, sa volonté innée de plaire à son compagnon humain. Il faut naturellement un peu de patience et observer quelques règles que nous étudierons plus loin.

L'éducation du chien est absolument indispensable et malheureusement, cet aspect est trop souvent sous-évalué. Les propriétaires considèrent à tort que le fait de nourrir leur chien et de leur apporter des soins suffit largement pour s'assurer une cohabitation satisfaisante. Au contraire, pour profiter pleinement de la compagnie d'un chien, surtout s'il est de grande taille comme le Golden, il est fondamental de lui apporter une éducation correcte. Cette notion recouvre naturellement une multitude de choses, allant du dressage de base au dressage avancé. Le minimum, c'est-à-dire ce qui différencie un chien mal élevé d'un chien bien élevé, consiste à savoir contrôler son compagnon en toutes circonstances. Cela signifie obtenir de lui des comportements corrects et pouvoir interrompre des actions incorrectes. À première vue, cela semble très facile, mais si l'on pense au nombre de chiens que l'on connaît qui reviennent aussitôt quand leur propriétaire les appelle ou qui marchent correctement en laisse, on s'aperçoit qu'en général la réalité est très différente.

Cette notion élémentaire d'éducation entraîne nécessairement une sorte d'« éduca-

Deux « chiots » qui profitent d'un repos bien mérité (photo et propr. Élevage Pizzicalaluna)

LE TATOUAGE

Le tatouage est obligatoire puisqu'il représente le numéro de matricule du chien, sa plaque d'identité. Il est composé de lettres et de chiffres. Tous les chiens doivent obligatoirement être identifiés par tatouage ou par puce électronique à partir de l'âge de deux mois. L'enregistrement du numéro de tatouage et des coordonnées du chiot sont faits à la SCC. Le tatouage peut être effectué à l'intérieur de l'oreille ou de la cuisse. Indépendamment de l'obligation, il est absolument recommandé d'effectuer cette inscription parce qu'en cas de disparition cela peut permettre au propriétaire de retrouver rapidement son chien.

tion » du maître. Ce dernier doit être capable de connaître à l'avance le comportement de son chien et d'apprendre à reconnaître ses mécanismes et ses réactions.

Un véritable couple se forme entre l'homme et l'animal qui vivent ensemble et l'entente qui en résulte, quand elle est parfaite, peut très bien se passer de mots. Il n'est pas difficile d'arriver à ce point si l'homme a suffisamment envie de comprendre et d'apprendre les mécanismes qui régissent son chien. Il faut donc beaucoup de patience mais aussi savoir réapprendre le rapport avec les animaux. Considérée autrefois comme normale et évidente, la relation maître-chien constitue aujourd'hui un ensemble presque inconnu pour la majorité des gens.

QUELQUES RÈGLES POUR UNE HEUREUSE COHABITATION

Il faut avant tout se souvenir que, pour un chiot, le fait de se séparer de ses frères et sœurs et du milieu qui lui a été familier depuis sa naissance représente sans aucun doute un traumatisme. Il est donc conseillé de laisser au chiot tout le temps nécessaire pour s'acclimater (quelques semaines suffisent généralement).

Il n'existe pas de chiens mal élevés par nature. Quand un chien se conduit mal, c'est toujours à cause du propriétaire qui a permis des comportements incorrects ou qui n'est pas intervenu pour éduquer le chien en lui faisant comprendre ce qui est bien et ce qui ne l'est pas.

Les ordres doivent toujours être donnés avec douceur, sans hausser la voix, mais avec fermeté. Il est également indispensable que tous les membres de la famille utilisent les mêmes termes et donnent les mêmes indications. En effet, chaque fois que l'on creuse pour rechercher les causes d'un mauvais

Photo Français/Cogis

À la fenêtre en train d'attendre leurs maîtres (propr. et photo Élevage Thuaidh)

comportement, l'erreur provient presque toujours des membres de la famille qui fournissent inconsciemment des signaux contradictoires au chien. Par exemple, le père interdit au chien de monter sur le canapé, le fils l'autorise à le faire mais, une demiheure plus tard, la mère gronde le chien parce qu'il l'a fait.

N'utilisez jamais la manière forte. Le Golden retriever est un chien doté d'une grande intelligence et de fortes capacités de dressage ; le calme et la douceur sont les meilleurs gages de réussite pour son éducation.

Au cours des premiers mois, il ne faut pas être trop exigeant avec le chiot. L'éducation doit être progressive et permettre au chien de comprendre calmement ce qui lui est demandé. Il ne faut pas s'attendre à ce que le chiot comprenne les ordres immédiatement et il est parfois nécessaire de s'y reprendre à plusieurs fois avant d'obtenir ce que l'on souhaite.

Il est très important de féliciter le chien quand il exécute ce qui lui est demandé. Une erreur courante consiste à exagérer les réprimandes quand le comportement est incorrect et d'être avare de félicitations quand le chien se comporte bien. C'est pourtant précisément le sentiment du plaisir d'avoir contenté son maître qui conduit le chien à répéter ce qui lui est demandé.

Il ne faut pas oublier que le chien a une forte mémoire. Ainsi, un mauvais comportement au cours des premiers mois sera ensuite difficile à éliminer. Il faut donc simplement tolérer les comportements qui sont propres aux chiots mais faire attention de ne pas être trop indulgent en justifiant n'importe quelle attitude par le jeune âge du chien.

Une fois arrivé à la maison, on doit laisser le chien découvrir progressivement son nouvel

Le rapport est un des jeux préférés du Golden (photo P. Visintini)

environnement et apprendre à connaître tous les nouveaux membres de sa « bande ».
Il est surtout conseillé d'expliquer rapidement aux enfants qu'un chiot n'est pas un jouet. Il peut en effet être dangereux de l'attraper par exemple par une patte ou de le faire tomber quand il est pris dans les bras.
La vie du chiot dans sa nouvelle famille est rythmée par trois activités principales : dormir, manger, jouer.
Le sommeil est très important et occupe la plus grande partie de la journée. Il faut laisser le chiot dormir autant qu'il le souhaite et, progressivement, le sommeil va de plus en plus faire place au jeu. C'est la raison pour laquelle le panier ne doit pas être placé dans le passage mais constituer un vrai refuge. Le respect des horaires durant la journée permet d'instaurer une régularité qui contribue à la tranquillité psychique et à la santé du chien.
Il est conseillé d'habituer le chien à rester enfermé seul dans une pièce ou dans un enclos, même si la vie familiale ne rend pas cela obligatoire. Il y reste au début quelques minutes pour arriver progressivement à plusieurs heures. Cet apprentissage est utile parce qu'on peut avoir besoin de recourir à cette solution dans certains cas, par exemple quand on reçoit des personnes qui ne supportent pas les chiens ou quand on organise une fête. Si le chien y est déjà habitué, on ne risque pas de réveiller le voisinage avec des hurlements prolongés ni de voir la porte de la pièce où il est enfermé abîmée. Naturellement, cela ne doit pas être synonyme de punition pour le chien et il faut penser à associer cette « détention » à quelque chose d'agréable, par exemple un jouet particulier ou une friandise.
Pendant les premiers temps, il faut essayer d'être tolérant vis-à-vis des besoins physiologiques du chiot. Pendant une certaine période, ses besoins ne seront pas toujours « déposés » aux endroits les mieux adaptés.
Durant la nuit, il faut laisser une feuille de journal à proximité du panier, en essayant de faire comprendre au chiot que c'est l'endroit où il doit aller. Cette habitude peut constituer une première forme d'éducation, au moins en attendant que le chien soit capable de passer toute une nuit sans faire ses besoins. Pendant la journée, c'est après chaque repas qu'il faut conduire immédiatement le chiot dehors, en le félicitant quand il fait ses besoins hors de la maison, afin qu'il comprenne que c'est le bon endroit pour cela.
Enfin, voici un conseil très important, sur lequel on n'insiste jamais assez : il ne faut pas « humaniser » le chien.
Cette attitude, très répandue notamment chez les personnes qui en sont à leur première expérience, consiste à transposer chez le chien des mécanismes de pensée et une évaluation des phénomènes qui proviennent en réalité du propriétaire et non de l'animal, qui lui est plutôt bien loin de les éprouver. Prenons l'exemple d'une dame qui a pris un chien chez moi et qui me soutenait qu'il ne réussissait à s'endormir que si un certain

Épuisés après le jeu

type de couverture, et pas un autre, était placé dans son panier. Ainsi, chaque fois qu'elle partait en vacances, elle n'oubliait pas de mettre dans ses valises cet accessoire indispensable pour ne pas gâcher le séjour de son compagnon à quatre pattes !
On pourrait citer des dizaines d'exemples comme celui-ci et ils ont tous en commun d'appliquer à l'animal des petites manies et des tics typiquement humains. Mieux vaut laisser le chien être un animal (dans le sens le plus noble du terme) et ne gâchons pas sa vie avec ces détails dont il n'a que faire. Cela ne signifie pas que le chien est incapable d'éprouver des sentiments ni d'avoir une certaine sensibilité, bien au contraire. Toutefois, ils se manifestent avec beaucoup plus de simplicité que chez nous.

CONSEILS DIÉTÉTIQUES

Le Golden est en général un chien qui a bon appétit et qui, à l'âge mûr et en l'absence d'exercice, a même tendance à être en surpoids, avec toutes les conséquences imaginables sur sa santé. Certains chiens manquent toutefois d'appétit, surtout entre cinq et dix-huit mois, mais en atteignant l'âge adulte, le phénomène s'atténue généralement, même si chez ces sujets on ne retrouve jamais la voracité qui caractérise cette race.
Au moment de l'arrivée à la maison, le chiot présente souvent une sorte d'apathie devant l'écuelle de nourriture. Cela s'explique par l'absence de compétition et d'émulation avec ses frères : le fait de se retrouver tout seul devant la nourriture sans avoir à la défendre le désoriente un peu. Il s'agit toutefois d'un problème passager qui se résout en quelques jours.
Il existe deux types d'alimentation : l'alimentation traditionnelle, basée principalement sur la viande ou le poisson avec des céréales et un des suppléments vitaminiques ou de sels minéraux ; et les pâtées complètes, c'est-à-dire les produits industriels composés de différentes substances alimentaires, qui n'ont pas besoin d'être complétées par d'autres aliments ou substances.
Il y a encore quelques années, le choix des éleveurs allait vers l'alimentation traditionnelle, avec l'appui de nombreux vétérinaires qui n'appréciaient guère les pâtées industrielles. Les choses sont cependant en train de changer et actuellement la tendance à la consommation des pâtées est en hausse, de la part des éleveurs comme des particuliers. Dans certains pays, l'alimentation industrielle représente 60-70 % des ventes d'aliments pour chiens. Même les vétérinaires ont commencé à changer d'opinion, peut-être parce que la production industrielle offre des garanties scientifiques sérieuses, notamment dans le cas des meilleures marques.
Personnellement, j'ai depuis longtemps opté pour les pâtées industrielles. En effet, l'équilibre nutritionnel qu'elles offrent est difficile à obtenir avec l'alimentation traditionnelle et je dois préciser que je n'ai eu aucune mauvaise surprise au cours des années.
Naturellement, il est essentiel d'acheter des pâtées de marques offrant des garanties, mais il y en a à présent beaucoup dans le commerce qui présentent ces caractéristiques. De plus, il faut parfois essayer plusieurs marques avant de trouver la bonne. En effet, un produit adapté pour un chien ne l'est pas forcément pour un autre, même s'ils partagent tous deux le même box et mènent une vie identique.
Enfin, un autre avantage indéniable est que toutes les meilleures marques de nourriture offrent des pâtées avec des niveaux protéiques différenciés. Elles sont donc adaptées aux différents besoins de la vie du chien : la croissance, le travail, la maturité et la vieillesse.
Si toutefois vous préférez l'alimentation traditionnelle, il est conseillé de demander les ajouts adaptés à votre vétérinaire et de contrôler en permanence ces valeurs.
L'alimentation est capitale pour la vie d'un chien. Des défauts ou des carences structurelles sont en effet causés ou aggravés par des excès ou des carences alimentaires. Malheureusement, de nombreux nouveaux propriétaires de Golden retrievers commettent l'erreur de suralimenter leur chien, notamment quand il est encore chiot. L'obésité, surtout au cours de la première année, a des effets néfastes et irréversibles sur la croissance structurelle. En effet, un excès de poids vient peser sur la colonne vertébrale, ce qui entraîne la formation de lor-

Faute de mieux, une peluche peut aider à trouver le sommeil (élev. Caruso, propr. et photo E. Collazio)

doses et de défauts dans les aplombs.
On peut soulager un chien obèse à l'âge adulte, à condition que son obésité n'atteigne pas des niveaux trop élevés qui rendraient alors toute intervention inutile. Au lieu d'agir uniquement sur la nourriture et la qualité de celle-ci, il est recommandé d'augmenter progressivement l'exercice physique quotidien du chien. On peut également recourir à certains aliments diététiques à faible contenu calorique.
Juste après le sevrage, le chiot mange quatre fois par jour. À partir de quatre-cinq mois, le nombre de repas passe à trois, avant d'être réduit à deux vers huit mois. Naturellement, si le chien a un faible appétit, il est conseillé de maintenir les trois repas par jour plus longtemps. Au bout d'un an chez l'adulte, on peut passer à un seul repas. Toutefois, si le chien est très vorace, il est préférable de garder l'habitude des deux repas afin d'éviter une lourdeur excessive et un travail trop important de l'estomac.
Le type de nourriture et sa quantité ne doivent absolument pas être fixés définitivement, même quand les résultats sont satisfaisants. En effet, les besoins du chien changent selon l'exercice physique qu'il accomplit, la température extérieure et son âge.
Enfin, pour évaluer si une alimentation est bonne, les paramètres les plus simples sont, hormis naturellement un aspect extérieur correct, la qualité et la brillance du poil du chien, ainsi que la consistance des selles.
L'apparition de dermatites et d'eczémas est souvent aussi l'indicateur d'un désordre alimentaire. Dans de tels cas, il faut nécessairement se rendre chez le vétérinaire.

L'EXERCICE

L'exercice est essentiel pour la santé physique et psychique du Golden et, naturellement, il doit être adapté à son âge.
Pour un chiot, la principale règle est de ne jamais exagérer l'effort. Malheureusement, cette règle est souvent enfreinte par les nouveaux propriétaires inexpérimentés, désireux de partager immédiatement avec leur chien les plaisirs d'une

Le Golden a un besoin impérieux d'exercice (photo P. Visintini)

L'eau est un milieu dans lequel le Golden s'exprime habituellement avec beaucoup de naturel (photo P. Visintini)

longue promenade. En réalité, jusqu'à six mois, il ne faudrait pas demander au chien un effort plus prolongé que celui qui est fourni lors des promenades hygiéniques quotidiennes et du jeu normal qui consiste essentiellement en de longues courses. Quand le chiot grandit, et jusqu'à l'âge d'un an, l'exercice peut évidemment être augmenté mais toujours progressivement et sans lui faire parcourir des distances supérieures à deux ou trois kilomètres à la fois. Dans les foyers avec enfants, le chiot est souvent impliqué dans leurs jeux mais parfois leur type et leur durée représentent un effort trop prolongé pour le chien. Ce dernier n'a en effet pas encore acquis la sagesse de l'âge adulte qui le conduit à s'éloigner de ses compagnons de jeu quand il ressent le besoin de se reposer. Un chiot ne doit pas non plus parcourir trop d'escaliers. Tout d'abord parce que, surtout au cours des premiers mois, le risque de chute est toujours présent et que, d'autre part, la montée répétée des marches peut avoir des conséquences sur l'avant-main, l'avant-bras s'arquant alors selon la forme dite « en lyre ». Pour éviter ce risque, si vous habitez une maison avec de nombreux escaliers, vous pouvez placer devant la première marche des petites barrières étirables que l'on utilise en général pour les enfants.

Par ailleurs, les jeux du chiot avec des chiens adultes ne doivent pas être sous-estimés. En effet, même involontairement, la fougue et l'exubérance manifestées par les chiens plus grands lors de ces jeux constituent un danger pour les articulations délicates du chiot. Un heurt ou un effort peut provoquer des lésions graves, voire permanentes.

Le mieux est d'éviter de mettre ensemble les chiots et le reste des chiens jusqu'à ce qu'ils aient six ou sept mois, un âge où l'ossature et les articulations, même si elles ne sont pas encore complètement formées, ont des dimensions qui les protègent un peu plus.

Jusqu'à cet âge, le chiot peut toutefois jouer avec un adulte, mais sous un œil vigilant et de préférence avec un chien qui ne soit pas particulièrement agité.

À un an le Golden n'a pas encore atteint sa pleine maturité (cela se produit généralement autour de deux-trois ans) mais la formation de son appareil squelettique et la mise en

Photo P. Visintini

Pour les chiots, le jeu constitue une activité très importante (élev. et photo Élevage Kukkola)

place de ses masses musculaires sont achevées. Ces dernières devront naturellement être augmentées avec l'exercice physique. À partir de cet âge, on peut donc commencer progressivement à faire accomplir au chien une activité motrice d'un niveau plus élevé qui fera de lui, une fois pleinement adulte, un infatigable compagnon d'excursions.

De plus, si en dehors de l'activité « libre » on désire que le chien réalise des exercices plus précis, le vélo représente le meilleur moyen. Il faut habituer le Golden à trotter à côté de son maître (par sa conformation physique, le Golden est un trotteur et non un galopeur). Il est préférable que le premier parcours ne dépasse pas un kilomètre puis il faut augmenter progressivement la distance pour atteindre cinq ou six kilomètres quotidiens. Il est conseillé de choisir un parcours plat avec quelques petites montées et si possible pas trop fréquenté par les voitures. Les personnes n'aimant pas le vélo peuvent faire le parcours en cyclomoteur mais naturellement sans aller plus vite qu'à vélo.

La nage est une autre forme d'exercice absolument salutaire pour le Golden, étant donné que cette activité stimule de nombreux muscles qui ne le sont pas sur la terre ferme. Généralement, on n'a aucune difficulté à faire entrer un jeune chiot dans l'eau étant donné que le Golden aime cet élément. Il arrive cependant que le chiot montre une certaine hésitation à entrer dans l'eau. À moins que le propriétaire ne soit aussi disposé à prendre un bain, il faut s'aider d'un chien adulte déjà habitué à l'eau. Après quelques tentatives, il réussira sans aucun doute à se faire suivre par son jeune compagnon. Il n'est pas toujours facile de trouver un endroit où faire nager son chien. L'idéal est un lac ou un bassin avec un accès progressif dans l'eau, qui ne soit pas fréquenté par les rats, comme cela se produit près des rivières. Ces animaux peuvent en effet être porteurs d'une terrible maladie, la leptospirose.

Pour conclure, je voudrais rappeler que les besoins d'exercice du Golden sont vraiment importants.

On ne peut pas avoir un chien

Un repos mérité après le jeu (élev. et photo Élevage Pizzicalaluna)

en bonne santé si on ne lui garantit pas un exercice quotidien adéquat. Cet aspect est trop souvent mis de côté par des éleveurs peu scrupuleux. Le Golden n'est pas un chien qui se contente chaque jour de trois ou quatre petites promenades hygiéniques autour du pâté de maisons. Cette remarque surprend souvent les personnes intéressées par un chiot. On leur avait sans doute garanti que « le Golden est un chien étonnant qui s'adapte à toutes les situations, qui n'a pas de besoins particuliers et qui peut vivre n'importe où ». Toutes ces informations, prises dans leur ensemble, restent exactes et incontestables mais elles ne sont pas complètes. En effet, un Golden peut même vivre dans une chambre de bonne si son propriétaire s'engage à le conduire chaque jour dans un parc ou à la campagne pour une longue promenade et s'il consacre ses week-ends à des excursions hors de la ville. Si la personne qui choisit un Golden est consciente de cela, elle ne se plaindra pas quand en plein hiver, elle devra enfiler ses gants, son chapeau et son manteau pour affronter l'habituelle dernière sortie de la journée...

LA VOITURE

L'utilisation de la voiture est aujourd'hui absolument courante et il faut donc habituer le chien à ce moyen de locomotion. En général, la première approche avec le transport en voiture est très simple. Le record dans ce domaine revient d'ailleurs certainement au Ch. It. et Club de la race Styal Silver Sceptre qui, étant chiot, a quitté l'Italie pour se rendre en Angleterre en passant par la Belgique, la France et l'Allemagne. Il a affronté ce voyage interminable tellement tranquillement qu'il lui est même arrivé de manger à l'arrière de la voiture pendant qu'elle roulait !

Toutefois, tous les Golden retrievers ne supportent pas aussi facilement le transport en voiture et les chiots manifestent fréquemment le « mal de voiture », qui s'accompa-

Pour que le Golden voyage en voiture sans problèmes, il faut l'y habituer progressivement (photo P. Visintini)

Le Golden a une capacité surprenante à instaurer un rapport d'amitié avec les tout-petits (photo Barthelemy)

gne de vomissements, de nausées et d'une abondante salivation. Parfois, le problème est surtout psychologique, notamment quand le chiot commence à baver même quand la voiture est à l'arrêt.
Ce « mal de voiture » n'est pratiquement jamais définitif et généralement, avec l'habitude et la croissance du chien, les choses s'améliorent même s'il arrive que des chiens adultes ne montent jamais en voiture avec enthousiasme…
Si l'on s'aperçoit que le chiot souffre du mal des transports, il est conseillé de commencer par l'habituer à la voiture à l'arrêt, avec le hayon fermé, en associant toujours ce séjour à une friandise.
Jour après jour, on peut allonger les durées jusqu'à ce que le chiot soit, non pas enthousiaste, mais au moins calme au moment de monter en voiture. Ensuite, on commence par des trajets courts, que l'on allonge progressivement jusqu'au moment où le problème est réglé. Deux remarques importantes sont à faire à propos de l'utilisation de la voiture. La première est de toujours laisser le chien à l'arrière et d'utiliser les protections que l'on trouve dans le commerce. La seconde est de ne jamais laisser le chien seul dans la voiture. Le Golden est en effet un chien sociable qui n'a pas le sens du territoire et qui ne montera jamais la garde de la voiture si quelqu'un de mal intentionné se présente. Il risque plutôt de le suivre en remuant de la queue. De plus, comme ce chien est à la mode, il représente une proie alléchante pour les voleurs de chiens dont le nombre est malheureusement en augmentation. Enfin, la dernière bonne raison est certainement le danger que la voiture représente pendant l'été. Elle peut en effet devenir un piège mortel plus rapidement qu'on ne le pense.

La tentation d'un bain de mer est vraiment irrésistible (propr. et photo Maria del Mar)

LE DANGER DES EMPOISONNEMENTS

Les empoisonnements représentent un terrible danger qu'il ne faut absolument pas sous-évaluer. Ils sont malheureusement fréquents, surtout dans certaines régions où se perpétue encore l'habitude meurtrière et illégale de déposer des boulettes mortelles à la strychnine dans le but de préserver le gibier des prédateurs. Cette pratique criminelle provoque chaque année des milliers de décès parmi les chiens et les chats qui perdent la vie dans d'atroces souffrances.
Il est donc conseillé d'être très attentif à ce danger réel quand on se promène dans la campagne avec son chien et même d'éviter les zones où l'on sait que des précédents de ce type ont eu lieu. Ce poison est d'autant plus dangereux qu'il persiste pendant une longue période. Dans l'hypothèse malheureuse où le chien aurait avalé une boulette, il est fondamental de détecter les symptômes le plus vite possible et de se rendre chez le vétérinaire sans tarder. Il existe en effet encore une chance de sauver l'animal selon la quantité de poison ingérée.

LES SOINS HABITUELS

Le Golden n'a pas besoin de recevoir de soins particuliers, surtout si on n'a pas l'intention de le soumettre au toilettage utilisé pour les expositions.
Le brossage, effectué toutes les semaines, s'accomplit avec une brosse et un peigne à dents légèrement écartées. Au moment de la mue du poil, c'est-à-dire du renouvellement saisonnier (deux fois par an sous notre climat), on peut intensifier les brossages pour retirer le poil mort et ainsi accélérer la croissance du nouveau poil.
Le bain ne doit pas être pratiqué trop souvent parce que l'usage de produits détergents provoque un affaiblissement du sous-poil et retire la substance onctueuse protectrice qui recouvre l'épiderme. De même, quand le chien se salit, un bon brossage sur le poil sec suffit en général pour redonner à la robe son aspect brillant. Si vous voulez le baigner, il est conseillé de ne pas lui donner plus d'un bain toutes les quatre à cinq semaines.
Les oreilles doivent être contrôlées toutes les semaines. Le pavillon externe peut éventuellement être nettoyé avec du coton hydrophile imbibé d'huile ou d'une substance spéciale que l'on trouve dans les animaleries ou dans les pharmacies. Lors des promenades dans la campagne au printemps, il faut faire très attention aux bromes, ces plantes aux petits épis qui constituent un danger pour les chiens. Elles peuvent en effet entrer dans les cavités auriculaires et entre les coussinets, ce qui entraîne dans les cas les plus graves des infections parfois mortelles. Il est donc conseillé de contrôler soigneusement le chien à son retour à la maison.
Les dents du chien sont sujettes à l'accumulation de tartre dans la zone du collet. Si l'on n'arrive pas à limiter sa formation, en donnant par exemple régulièrement à manger au chien des morceaux de pain très secs, il est conseillé de s'adresser au vétérinaire pour qu'il le retire.
Les yeux doivent également être surveillés étant donné que certaines rougeurs et sécrétions peuvent indiquer l'apparition de conjonctivites ou d'infections.

UN MEMBRE DE LA FAMILLE À PART ENTIÈRE

Pour tirer le plus grand plaisir de la possession d'un Golden, il faut lui permettre de devenir un membre à part entière du noyau familial. Ce n'est que de cette manière que l'on pourra profiter pleinement de son caractère toujours joyeux et de son bonheur d'avoir autour de lui tous les membres de sa « famille ».
Pour cela, le meilleur conseil à donner est de lui permettre de vivre le plus d'expériences possible.
Une fois que le chiot a terminé la période des vaccins, il peut sans danger entrer en contact avec le monde extérieur. Il est alors conseillé de lui montrer le plus de situations possible : les embouteillages, une gare bondée de monde, d'autres animaux ou encore des enfants s'il n'y en a pas dans le foyer dans lequel il vit, etc.

Les chiots ont une attirance innée pour les objets « interdits »

Guia avec Styal Silver Sceptre (élev. Hinks) et Chiaroscuro Notte di Natale (élev. et propr. Élevage Chiaroscuro)

Photo P. Visintini

Naturellement, cette phase d'« imprinting » doit être abordée progressivement parce que tous les chiots ne possèdent pas un caractère leur permettant d'affronter avec indifférence et contrôle de soi toute situation imprévue rencontrée pour la première fois. Cela ne signifie pas que le chiot présente des tares caractérielles, mais qu'il a simplement besoin de « digérer » plus calmement la nouveauté. Cette dernière peut aussi être représentée par une situation moins exceptionnelle et « plus normale » dans l'absolu que d'autres vécues précédemment.

Un exemple peut aider à mieux comprendre cela. Un jour, un nouveau propriétaire d'un de nos chiots s'est montré surpris par le fait que le petit chien, une fois chez lui, ne montrait aucune crainte devant le bruit de la tondeuse alors qu'il sursautait en entendant la sonnette du vélo d'un des enfants. L'explication est simple : comme notre chenil était voisin de la remise de mon tracteur, ce bruit était devenu familier aux chiots pendant les deux mois qu'ils étaient restés chez nous alors qu'habitant sur une colline, le vélo était pratiquement inconnu d'eux.

Seule l'expérience peut donc contribuer à remplir cette feuille blanche, à laquelle nous avons précédemment comparé le cerveau du Golden, avec les données relatives à chaque situation que le chien aura affrontée au cours de sa vie.

Grâce à l'exceptionnelle mémoire du Golden, ces expériences n'ont pas besoin d'être répétées pour être enregistrées : même des années après, le chien est capable de se souvenir de l'emplacement des lieux et des comportements à adopter dans certaines situations.

L'éducation du Golden ne se limite toutefois pas à cet aspect, il comprend aussi la nécessité d'apprendre certaines règles comportementales qui permettront au propriétaire de contrôler son animal en toutes circonstances.

Dans le chapitre consacré au dressage, nous examinerons les principaux exercices qui constituent la base de tout

© Labat/Cogis

dressage, même le plus avancé. Comme nous l'avons déjà dit, l'importance d'un minimum de dressage ne doit absolument pas être sous-estimée par le propriétaire d'un Golden.
En effet, un chien bien élevé, qui sait marcher en laisse, qui ne saute pas sur la première personne qu'il rencontre dans la rue et qui sait comment se comporter dans un hôtel ou dans un restaurant, est également un chien agréable et facile à vivre. Cela permet aussi de pouvoir vivre avec son chien une grande partie de la journée.
Le Golden est un chien de taille moyenne à grande, avec un caractère exubérant marqué par une grande vitalité. Si le propriétaire ne parvient pas à dominer son animal, un mécanisme de refus se déclenche vis-à-vis de ce dernier, qui finit par être considéré presque comme un poids. Un propriétaire qui est obligé chaque fois qu'il sort son chien d'accomplir un « tour de force », en marchant le bras tendu au pas de charge, aura rarement envie d'effectuer une promenade plus longue que celle qui est simplement nécessaire pour soulager les besoins physiologiques de l'animal.
Le dressage et l'éducation sont donc indispensables pour une bonne cohabitation avec le chien.
Un autre type d'éducation, tout aussi important, concerne l'attitude que le propriétaire doit avoir par rapport aux autres personnes.
Il faut toujours avoir à l'esprit que tout le monde n'aime pas nécessairement les chiens. On peut contester ce choix mais il faut le respecter et donc ne pas imposer la présence de son chien à ceux qui ne l'apprécient pas ou qui montrent peu d'enthousiasme devant ses manifestations d'amitié.
Dans le cas de chiens ayant une bonne nature comme le Golden, il peut arriver que le propriétaire soit agacé par les phobies manifestées souvent sans motif par ceux qui n'aiment pas la présence des chiens ou qui en ont peur. Au-delà du fait que se faire poursuivre par un chien de quarante kilos que l'on ne connaît pas peut en effet faire peur, surtout à quelqu'un qui n'a pas une grande habitude de ces animaux, il est toujours recommandé de prévenir de telles réactions. Il faut donc contrôler son chien en essayant, au besoin, d'expliquer que de telles peurs sont injustifiées.
Enfin, il ne faut pas oublier que le spectacle des excréments qui salissent souvent les rues et les jardins de nos villes est un motif qui offre à ceux qui n'aiment pas les chiens l'occasion de ressentiments justifiés vis-à-vis de ces animaux et de leurs maîtres.
On doit donc se procurer une pelle ou un autre instrument du même type afin de respecter les autres et de leur faire éprouver ce même sentiment envers nos compagnons à quatre pattes.

L'ALIMENTATION

PAR LE PROFESSEUR LUIGI GUIDOBONO CAVALCHINI
ET LE DOCTEUR CARLA CRISTOFALO

PRINCIPES GÉNÉRAUX

Une alimentation correcte est indispensable pour maintenir le chien en bonne santé.

L'appareil digestif des chiens se caractérise par un estomac volumineux et par un intestin très court, comme en général chez tous les carnivores. L'aliment, surtout s'il est solide, reste longtemps dans l'estomac (de trois à huit heures), une période pendant laquelle il subit un lent processus de digestion avant de passer dans l'intestin. Ce dernier est le siège de l'assimilation des substances nutritives qui sont transportées à travers le sang vers les différents tissus qui ont besoin d'être nourris. En raison de ses caractéristiques anatomiques, l'appareil digestif du chien lui permet d'absorber des repas abondants et de pouvoir laisser passer un grand intervalle de temps entre deux repas, parce que l'estomac se vide lentement.

Les chiens sont des animaux carnivores mais un long pro-

Un couple de Golden retrievers (photo Gauzargues/Cogis)

Photo Lanceau/Cogis

cessus d'adaptation les a conduits à consommer également des produits d'origine non animale.
Ils ont toutefois besoin d'un régime très concentré, avec une teneur nutritive élevée mais variable selon la race, l'âge, l'état physiologique (entretien, croissance, reproduction, lactation) et le climat. Pour obtenir les meilleurs résultats possibles, il faut alimenter les chiens de façon à leur fournir les quantités adaptées de principes nutritifs : protéines, hydrates de carbone et graisses, ainsi que des vitamines et des sels minéraux. Le régime doit être bien équilibré, c'est-à-dire que les principes nutritifs doivent être présents dans une bonne proportion de façon à n'être ni en excès ni en défaut. Une très bonne alimentation est indispensable pour maintenir le chien en bonne santé, pour qu'il ne soit ni trop gras ni trop maigre et présente un beau poil. Cet aspect est encore plus important durant la phase de croissance du chiot qui demande une attention et des soins particuliers. On voit souvent des chiens provenant d'une même portée mais élevés par des personnes différentes, qui présentent un développement corporel très différent et même des défauts, comme des déviations des membres, fortement influencés par l'alimentation qu'ils ont reçue.
Certaines connaissances de base que je vais essayer d'exposer de façon simple vous aideront à fournir à votre chien un régime quotidien équilibré et à comprendre quels aliments sont réellement nécessaires, évitant ainsi le gaspillage et les rations inappropriées.

L'ÉNERGIE

Les aliments contiennent de l'énergie qui est rendue disponible après les différents processus de digestion et de transformation qui se déroulent dans l'appareil digestif. Les particules d'aliments sont transportées dans les différentes cellules de l'organisme où, en présence d'oxygène, elles sont transformées en énergie. Ce processus de transformation produit également de la chaleur qui permet au chien de maintenir sa température constante. Pour simplifier, on peut dire que l'aliment est « brûlé » et transformé en énergie comme cela se produit pour le carburant dans un moteur à explosion. L'énergie produite permet non seulement le simple « entretien » de l'animal (métabolisme de base) mais elle lui donne aussi la possibilité d'accomplir un travail, qui va lui demander plus ou moins d'énergie selon l'engagement qu'il nécessite. Ainsi, plus l'activité d'un animal est grande, plus la quantité d'aliments à transformer en énergie doit être élevée. La quantité d'énergie contenue dans un aliment (énergie brute) se mesure par la chaleur qu'il produit durant sa combustion dans un appareil approprié (bombe calorimétrique). Toutefois, le chien n'utilise pas toute l'énergie : il en élimine une partie dans ses selles et dans son urine et en consomme une autre partie durant le processus métabolique, selon le degré de digestibilité de l'aliment et de sa disponibilité d'utilisation.

La valeur énergétique d'un aliment est normalement exprimée en « énergie métabolisable » (EM), fournie par l'énergie brute de l'aliment moins celle qui est présente dans les selles et dans les urines qui proviennent de cet aliment. L'énergie est généralement mesurée en kilocalories (Kcal) ou en mégajoules (Mj). L'énergie d'un aliment dépend de son contenu en hydrates de carbone, en graisses et en protéines selon les valeurs proposées en 1985 par le National Research Council (NRC) :

– 1 g d'hydrates de carbone = 3,5 Kcal EM ;
– 1 g de graisses = 8,46 Kcal EM ;
– 1 g de protides = 3,5 Kcal EM.

Le chien ne tire pas d'énergie des fibres brutes. Dans la plupart des cas, les valeurs d'EM des différents aliments pour chiens ne sont pas déterminées sur le vif mais déduites par calcul grâce à des équations mathématiques. Un excès d'énergie est en général emmagasiné par le corps sous forme de graisse.

LES GRAISSES OU LIPIDES

Elles représentent une source alimentaire indispensable parce qu'elles fournissent à l'organisme l'apport nécessaire en acides gras, en choline et en vitamines liposolubles (A, D, E, K). Les graisses sont en outre des constituants des membranes cellulaires et des régulatrices du métabolisme. Elles sont appréciées par les chiens et améliorent en général l'appétibilité de l'aliment. L'énergie fournie par les graisses est très élevée puisqu'elle est égale à plus du double de celle qui est fournie par les glucides ou les protéines ; elles sont donc particulièrement nécessaires au chien qui travaille ou qui vit sous un climat froid. Les sujets en bonne santé les digèrent bien grâce à l'action de la bile et des enzymes pancréatiques. La graisse s'accumule dans le corps comme source énergétique de réserve. Elle est toutefois continuellement mobilisée par les dépôts et recyclée avec celles qui sont absorbées. Les lipides sont présents dans les

Photo Français/Cogis

cellules du corps et dans certains liquides organiques sous formes complexes comme les phospholipides, les glycolipides, etc., surtout présents dans les cellules du système nerveux. Le cholestérol, qui est un lipide composé, est indispensable en petites quantités pour toutes les cellules du corps et il est présent en grande quantité dans le cerveau.

Les régimes pour chiens sont en général riches en graisses, que ce soit d'origine animale (lard, saindoux ou beurre), ou d'origine végétale (huile de graines ou d'olive). Il n'existe pas de grandes différences dans le contenu d'énergie métabolisable (EM) des différentes graisses, mais celles d'origine végétale, qui sont plus riches en acides gras insaturés, sont préférables d'un point de vue diététique. Certains acides gras insaturés, comme l'acide linoléique et l'acide arachidonique, sont également indispensables pour le chien, en particulier pour qu'il connaisse une croissance normale et pour prévenir les eczémas cutanés. Le régime doit contenir au moins 5 % (de la substance sèche) de graisses et 1 % d'acide linoléique.

Il est important de toujours vérifier la pureté et la bonne conservation des graisses, qui peuvent s'altérer et devenir rances, notamment au contact de la lumière et de l'air.

LES GLUCIDES OU HYDRATES DE CARBONE

Présents en quantité très modeste dans l'organisme animal, ils se retrouvent dans le sang sous forme de monosaccharides (principalement du glucose), dans le foie et dans les muscles sous forme de glycogène, que l'organisme emmagasine comme source d'énergie de réserve à utiliser en cas d'urgence, par exemple en cas de travail musculaire intense (lutte, fuite, etc.) ou de stress. Les glucides sont présents en grande quantité dans les végétaux sous forme de composés organiques dérivés du processus de la photosynthèse chlorophyllienne. Les sucres les plus simples sont les monosaccharides (fructose, lactose, etc.), rapidement assimilés et utilisés par l'organisme comme source énergétique. Les hydrates de carbone plus complexes sont les polysaccharides, parmi lesquels l'amidon et le glycogène qui nous intéressent particulièrement. Ce sont des substances insolubles dans l'eau qui ont tendance à former des solutions gélatineuses et visqueuses.

L'amidon est l'hydrate de carbone alimentaire le plus important puisqu'il constitue la substance de réserve la plus courante dans le règne végétal (graines, tubercules, racines). Le plus grand apport d'amidon est fourni par les céréales qui représentent donc une source alimentaire de grande importance dans la ration du chien. Toutefois, l'amidon en tant que tel est mal digéré par le chien. Il doit donc être transformé en dextrine par la cuisson ou un traitement tel que le passage au micro-ondes, la floculation ou

BESOIN EN GRAISSES ET EN ACIDES AMINÉS
(PAR JOUR ET PAR KG)

Principe nutritif	*Croissance*	*Entretien*
Énergie « métabolisable »	200 Kcal	74,2 Kcal
Graisses	2,7 g	1 g
Acide linoléique	540 mg	200 mg
Protéines	9 g	4,5 g
Acides aminés		
Arginine	274 mg	21 mg
Histidine	98 mg	22 mg
Isoleucine	196 mg	48 mg
Leucine	318 mg	84 mg
Lysine	280 mg	50 mg
Méthionine-cystine	212 mg	30 mg
Phénylalanine-tyrosine	390 mg	86 mg
Thréonine	254 mg	44 mg
Tryptophane	82 mg	13 mg
Valine	210 mg	60 mg
Total acides aminés indispensables	3 414 mg	1 266 mg

Photo P. Visintini

l'extrusion. Bien qu'étant très employés dans l'alimentation pour chiens, les hydrates de carbone ne sont cependant pas indispensables étant donné qu'ils peuvent être tirés de certains principes nutritifs, sauf pendant le dernier mois de gestation au cours duquel leur présence dans la ration est nécessaire. Chez l'adulte comme chez le chiot, un excès de saccharose peut ne pas être bien toléré et provoquer de la diarrhée à cause d'une faible présence de l'enzyme spécifique (la saccharase) dans l'intestin du chien. De même, il arrive que le chien adulte digère mal le lait en raison d'un manque de lactase.

Les fibres ne sont pas digérées par les chiens et leur présence dans le régime du chien réduit la densité et la concentration d'énergie. Ainsi, plus la teneur en fibres brutes est élevée, plus la valeur énergétique est faible. Toutefois, la présence d'une petite quantité de fibres dans le régime peut s'avérer utile, surtout pour les chiens adultes et sédentaires. En effet, les fibres contribuent à maintenir leur corps au poids optimal sans graisse excessive. Elles réduisent le temps de transit des aliments dans le tube digestif et aident à prévenir la constipation. Un excès de fibres peut cependant être dangereux parce qu'il réduit la disponibilité des substances nutritives des aliments.

LES PROTÉINES

Les protéines forment une grande partie de la substance organique du corps animal parce qu'elles sont les composants fondamentaux du protoplasme, la matière vivante des cellules. Elles ont une fonction essentiellement plastique et sont indispensables pour la formation des muscles et des autres tissus, des hormones, du sang, etc. Les protéines ont donc une grande importance dans l'alimentation et en particulier dans celle des chiots, dont l'organisme est en phase de croissance avec une augmentation quotidienne des cellules. Elles sont en outre nécessaires à l'organisme pour la construction de nouvelles cellules en remplacement de celles qui sont détruites chaque jour. Les protéines permettent à l'organisme des jeunes chiens de se développer régulièrement et à celui des adultes de se maintenir en bonne santé.
Les protéines sont des substances quaternaires, c'est-à-dire composées de quatre éléments chimiques : carbone, hydrogène, oxygène et azote (C, H, O, N). Elles sont constituées d'acides aminés unis par des liens peptidiques qui forment des chaînes complexes. Les acides aminés qui constituent les protéines alimentaires sont au nombre d'une vingtaine et sont divisés en essentiels et non essentiels selon qu'ils peuvent être ou non synthétisés par le corps animal en quantités suffisantes pour satisfaire ses besoins.
Durant le processus de digestion, les protéines alimentaires sont scindées en aminoacides absorbés par l'animal. Les aminoacides sont transformés par le chien en tissus, en poil et autres structures organiques. L'excès de protéines est fractionné et utilisé en partie comme source d'énergie. La partie restante, qui contient de l'azote, est excrétée avec les urines. La valeur biologique d'une protéine est fournie par la proportion exprimée en pourcentage entre l'azote utilisé et l'azote absorbé. Si les aminoacides essentiels ne sont pas présents dans les bonnes proportions dans une protéine alimentaire, cela réduit la capacité du chien à synthétiser la protéine spécifique dans les différentes parties de l'organisme.
L'absence d'un aminoacide essentiel limite l'utilisation des autres : cet aminoacide est dit aminoacide limitant. Comme les chiens ne sont pas capables d'emmagasiner les aminoacides, ces derniers doivent donc être fournis dans les bonnes proportions avec le repas quotidien. Les aminoacides essentiels nécessaires à une croissance optimale (NRA 1985) sont les suivants :

lysine	leucine
méthionine	valine
thréonine	phénylalanine
tryptophane	histidine
isoleucine	arginine

De nombreux facteurs peuvent faire varier le besoin protéique du chien, en dehors de son état physiologique (croissance, entretien, gestation, lactation, etc.). Il existe également des protéines moins digestes (protéines des tendons, de la peau, des cartilages, etc.) et d'autres qui sont facilement digérées (muscles, foie, etc.). En raison de leur fort contenu en sucs gastriques, les chiens sont aussi capables de digérer des protéines en cours de putréfaction, dont ils sont en général friands.
Les sources alimentaires protéiques sont d'origine végétale (farine de soja, arachide, etc.) ou animale (viande, poisson, fromage, œufs, etc.). Ces dernières sont mieux digérées et plus appréciées des chiens.
Quand deux protéines ou davantage sont associées dans le régime, la valeur biologique totale est généralement supérieure à celle de chaque protéine.
Il est important de maintenir une bonne proportion entre le taux énergétique et les protéines, ou mieux entre l'énergie et les aminoacides. En effet, plus la valeur énergétique est grande, plus la teneur en aminoacides doit l'être pour satisfaire les besoins plastiques. Un excès prolongé de protéines peut être dangereux parce que les protéines en surplus ne peuvent pas être emmagasinées par le corps mais sont fractionnées : une partie d'entre elles est utilisée comme source énergétique tandis que la partie restante, qui contient de l'azote, est éliminée avec les urines.

LES VITAMINES

Elles agissent en très petite quantité qui est toutefois suffisante pour exercer leur action. Les vitamines ne fournissent pas d'énergie et ne sont pas utilisées comme éléments plasti-

ques, mais elles interviennent directement ou indirectement dans de nombreux processus essentiels à la vie du chien et elles sont donc très importantes dans l'alimentation. La carence d'une ou de plusieurs vitamines peut conduire à de graves déséquilibres et même à la mort. Certaines vitamines en excès sont toutefois dangereuses et peuvent provoquer de sérieux problèmes.
Les vitamines sont en général produites par les organismes végétaux et seulement quelques-unes d'entre elles sont synthétisées par la flore bactérienne intestinale des animaux (surtout des herbivores).
C'est une des raisons pour lesquelles les chiens apprécient les contenus intestinaux et même les selles des ruminants et des herbivores en général.
Les aliments administrés aux chiens contiennent également des vitamines, mais souvent en quantité insuffisante. Il est donc nécessaire de les ajouter au régime sous forme de bon complément, notamment aux animaux en pleine croissance.
Le foie, les huiles de foie, les œufs, les germes de céréales, les levures et les mycéliums de fermentation ainsi que les huiles végétales font partie des sources vitaminiques naturelles.
De nombreuses vitamines sont très instables et dans certaines conditions elles perdent leur

VITAMINES HYDROSOLUBLES

Vitamine	*Principales fonctions*	*Symptômes carentiels*
B_1 Thiamine	Régule le métabolisme des hydrates de carbone, stimule l'appétit, prévient les troubles nerveux	Anorexie, croissance irrégulière, coprophagie, troubles nerveux
B_2 Riboflavine	Intervient dans les processus d'oxydoréduction de la respiration cellulaire ou dans le métabolisme des aminoacides et des graisses	Anorexie, hypothermie, perte de poids, apathie, lésions oculaires
Acide pantothénique	Intervient dans le métabolisme des hydrates de carbone, des protéines et des graisses. Il est essentiel pour une bonne croissance	Ralentissement de la croissance
PP Acide nicotinique	Intervient dans le métabolisme des hydrates de carbone, des protéines et des graisses. Il a une action synergique avec le tryptophane. Il assure l'intégrité de la peau, des muqueuses et du système nerveux	Affections de la peau, de l'appareil digestif, du système nerveux
B_6 Pyridoxine	Elle est nécessaire à plusieurs enzymes et intervient dans le métabolisme des aminoacides. Elle conditionne également le travail musculaire et la croissance	Retard de croissance, perte de poids, anorexie
Acide folique	Régule le métabolisme protéique ; participe à la synthèse de l'hémoglobine. Il est nécessaire pour une bonne production d'anticorps	Perte d'appétit et de poids, écoulement oculaire, anémie, réponse des anticorps affaiblie
H Biotine	Essentielle pour la croissance, la reproduction, un bon état du poil et de la peau	Possibles dermatites, perte de poil
B_{12} Cyano-cobalamine	Intervient dans le métabolisme des graisses, des hydrates de carbone et dans d'autres processus biologiques importants	Croissance éventuellement retardée
Choline	Intervient dans l'assimilation et le transport des graisses, mobilise les graisses déposées dans le foie	Retard de croissance, dégénérescence du foie
C Acide ascorbique	Il n'est pas nécessaire d'en ajouter dans le régime des chiens en bonne santé	–

VITAMINES LIPOSOLUBLES

Vitamine	Principales fonctions	Symptômes carentiels
A	Stimule la croissance, la protection des épithéliums, la lutte contre les infections. Nécessaire à la vue et à la reproduction	Perte d'appétit, retard de croissance, xérophtalmie, lésions cutanées
D	Antirachitique, influence le métabolisme du calcium et du phosphore	Rachitisme, grossissement des articulations, déformation des membres, ossification déficiente
E	Antioxydant naturel important pour la reproduction ; prévient la dystrophie musculaire	Stérilité mâle et femelle, dystrophie musculaire
K	Antihémorragique	–

efficacité, par exemple en présence de températures élevées, de lumière et de conservation prolongée. De plus, certains aliments contiennent des facteurs antivitaminiques qui détruisent entièrement ou partiellement la disponibilité des vitamines, augmentant ainsi le besoin.
Quand on ajoute des vitamines à la pâtée du chien, il faut faire attention de ne pas les verser dans les aliments chauds. Il faut également être prudent avec les produits que l'on utilise parce qu'il arrive souvent qu'ils contiennent déjà des vitamines intégrées (il faut toujours lire la composition sur l'étiquette). Une double intégration peut conduire à des excès de chaque vitamine et donc, comme nous l'avons vu, être dangereuse.

LES SELS MINÉRAUX

Les sels minéraux sont les constituants essentiels de l'organisme et ils sont également présents dans les hormones et les enzymes. De plus, ils interviennent dans les processus d'osmose et contribuent à l'équilibre acido-basique du corps.
Une carence en sels minéraux peut provoquer des dysfonctionnements organiques. Il faut toutefois se souvenir qu'une consommation excessive de certains sels minéraux peut entraîner des intoxications parfois létales. Parmi les sels minéraux, on distingue les éléments inorganiques qui doivent être présents en grande quantité (comme le calcium, le phosphore, le magnésium, le potassium, le sodium et le chlore) et ceux qui ne doivent en revanche se trouver dans l'organisme qu'à l'état de trace (oligo-éléments) comme le manganèse, le fer, le cuivre, le zinc, l'iode et le sélénium.

• *Calcium et phosphore* : ils interviennent conjointement dans de nombreuses fonctions organiques telles que la formation du tissu osseux, constitué principalement de phosphate de calcium.
En outre, le calcium est indispensable dans de nombreux processus biologiques et notamment la coagulation du sang, la contraction du myocarde, l'équilibre acido-basique du corps, etc.
Le phosphore, qui participe également à la formation des os et à l'équilibre acido-basique, intervient aussi dans le métabolisme des hydrates de carbone et des graisses. C'est un constituant organique de toutes les cellules et de nombreuses enzymes.
Pour être bien utilisés, ces deux sels minéraux doivent être dosés selon un rapport optimal. Dans l'alimentation des chiens, on considère que ce rapport peut varier de 1,2/1 à 1,4/1 (Ca/P) en fonction du poids du chien. Leur utilisation nécessite en outre la présence de vitamine D_3.
Des carences provoquent des retards de croissance, le rachitisme, des os fragiles, pauvres en minéraux et ayant un aspect poreux, peu résistants et sujets à des fractures. Il arrive souvent que l'on administre de façon impropre et souvent excessive, par voie intraveineuse, du calcium à des chiens qui ne reçoivent pas dans leur ration alimentaire l'apport correct.

• *Sodium et chlore* : ils sont en général administrés sous forme de chlorure de sodium (sel de cuisine) même si beaucoup de gens croient, à tort, que le chien n'en a pas besoin. En réalité, comme chez tous les animaux,

BESOINS EN MINÉRAUX ET EN VITAMINES (PAR JOUR ET PAR KG)

Principe nutritif	*Croissance*	*Entretien*
Énergie EM	200 Kcal	74,2 Kcal
Sels minéraux		
Calcium	320 mg	119 mg
Phosphore	240 mg	89 mg
Potassium	240 mg	89 mg
Sodium	30 mg	11 mg
Chlore	46 mg	17 mg
Magnésium	22 mg	8,2 mg
Fer	1,74 mg	0,65 mg
Cuivre	0,16 mg	0,06 mg
Manganèse	0,28 mg	0,10 mg
Zinc	1,94 mg	0,72 mg
Iode	0,032 mg	0,012 mg
Sélénium	0,006 mg	0,002 mg
Vitamines		
A	202 UI	75 UI
D	22 UI	8 UI
E	1,2 UI	0,5 UI
K	60 UI	24 UI
Thiamine (B_1)	54 mcg	20 mcg
Riboflavine (B_2)	100 mcg	50 mcg
Acide panthothénique	400 mcg	200 mcg
Acide nicotinique (PP)	450 mcg	225 mcg
Pyridoxine (B_6)	60 mcg	22 mcg
Acide folique	8 mcg	4 mcg
Biotine (H)	6 mcg	–
Cyano-cobalamine (B_{12})	1 mcg	0,5 mcg
Choline	50 mg	25 mg

ces sels minéraux interviennent dans le maintien de l'équilibre hydrique du corps et ils sont présents en particulier dans le sang et dans les liquides organiques.
Les aliments secs contiennent habituellement 1 % de chlorure de sodium.

Les carences se traduisent par une moindre résistance à l'effort, un retard de croissance, une peau sèche et une perte de poils.

• *Potassium* : il est nécessaire à l'activité musculaire et cardiaque normale.

• *Fer et cuivre* : ils contribuent à la formation de l'hémoglobine, qui est une composante du sang, en exerçant une fonction antianémique. Ils sont en outre présents dans plusieurs enzymes.

• *Magnésium* : il est indispensable au chien et étroitement lié au métabolisme du calcium, du phosphore, ainsi que des hydrates de carbone.
Des régimes carencés en magnésium provoquent des retards de croissance. Un excès augmente la diurèse et a un effet laxatif.

LES ALIMENTS DU RÉGIME

La viande : elle est généralement constituée de déchets de boucherie. Elle peut être servie crue ou ébouillantée, selon sa qualité.
La viande de porc ne doit être administrée que bien cuite pour éviter les risques d'infection (maladie d'Aujeszky et trichinose). L'apport protéique et calorique de la viande varie considérablement selon la quantité de graisse qu'elle contient.
Il est préférable de donner de la viande en morceaux aux chiens adultes, alors qu'il faut la hacher pour les chiots.
Viande bovine : elle est découpée dans la tête et dans certains organes comme les organes génitaux, la rate, etc. Sa digestibilité et sa valeur biologique sont d'autant plus élevées qu'elle contient beaucoup de muscles et elles diminuent au contraire lorsqu'il y a beaucoup de tendons, de cartilages et de tissu conjonctif. Elle

Photo P. Visintini

contient aussi une part de gras, toujours plus ou moins élevée.

Viande de volaille : elle est obtenue à partir des carcasses décharnées de poulet, du cou et de la tête. Elle contient des protéines faciles à digérer et dotées d'une bonne valeur biologique. En général, elle présente toutefois beaucoup d'os et de gras parce qu'on ajoute la peau et la graisse sous-cutanée. Un excès d'os, même s'ils sont broyés, peut provoquer de la constipation chez les vieux chiens et chez les chiens sédentaires.

Abats : ils sont constitués de viscères tels que le cœur, le foie, les reins, les tripes, le cerveau, la rate, l'estomac de la volaille, etc. Leur apport protéique est habituellement inférieur à celui du muscle, mais ce sont d'excellents aliments dont les chiens sont friands. Il est conseillé de les servir après cuisson.

Le poisson : il est généralement plus apprécié s'il est cuit. C'est un excellent aliment contenant des protéines très digestes et à la valeur biologique élevée. Il est recommandé d'en administrer aux chiots et aux animaux en période de croissance. Les arêtes doivent être retirées ou broyées. Il est préférable de choisir des poissons maigres et de mer.

Il est également possible d'avoir recours au poisson séché, surtout en hiver. L'utilisation de farine de poisson dans les préparations est également excellente. Le poisson est riche en vitamines et en sels minéraux, notamment en phosphore.

Les œufs : ce sont d'excellents aliments, riches en protéines à valeur biologique élevée, en lipides et en vitamines. Le jaune peut être donné cru mais l'albumine doit toujours être cuite parce qu'elle contient des antivitamines. Les œufs sont particulièrement indiqués pour les chiots et pendant la lactation ils peuvent remplacer en partie la viande et le poisson.

Quelques précautions

Les chiens ont des besoins alimentaires différents de ceux des hommes :
- mettez toujours un bol d'eau fraîche à leur disposition ;
- ne leur laissez pas les restes de leurs repas ;
- ne leur donnez pas d'os pointus de poulet ou de lapin ;
- ne leur donnez pas d'arêtes de poisson ;
- ne leur donnez pas de sucreries ni de bonbons.

Le lait : c'est un excellent aliment riche en protéines à valeur biologique élevée, en graisse, en vitamines et en sels minéraux. Il doit constituer l'un des principaux aliments du régime du chiot. Le chien adulte le digère souvent mal parce qu'il manque de lactase, l'enzyme qui permet la digestion du lactose. On constate toutefois de grandes variations individuelles qui sont souvent liées aux habitudes alimentaires.

Le lard, les graisses et les huiles végétales : ce sont de très bonnes sources caloriques, très appréciées des chiens qui ont tendance à en manger plus qu'ils ne le devraient.

Ces produits sont recommandés pour le chien qui fait des efforts physiques mais il faut toujours limiter leur quantité. Il est donc conseillé d'ajouter à la ration du chien une cuillerée à café d'huile d'olive ou d'arachide. Cela améliore l'aspect de sa peau et de son poil, qui devient plus brillant.

Le riz et les pâtes : ce sont des sources d'énergie puisqu'ils sont riches en amidon. Très utilisés, ils peuvent constituer de 40 à 60 % de l'alimentation du chien. Comme le chien ne digère pas l'amidon cru, il doit être cuit pour être transformé en dextrine.

Le pain sec : c'est une excellente source énergétique dont le chien est en général très friand. Il doit être bien sec et conservé à l'air. Il ne doit toutefois pas être moisi sous peine de nuire à la santé du chien.

Les flocons de céréales et le riz soufflé : ils peuvent remplacer le riz, les pâtes et le pain comme aliments énergétiques. Les céréales ne peuvent pas être digérées telles quelles par le chien et elles doivent donc subir un traitement qui transforme l'amidon en dextrine (par cuisson, extrusion ou floculation).

Tous les flocons n'étant pas traités de la même manière, certains sont plus digestes que d'autres. Lorsque vous utilisez ces produits, très volumineux, souvenez-vous que l'apport nutritif est toujours calculé en fonction du poids et non du volume. Il est donc conseillé de s'aider d'une balance pour doser les aliments.

Les légumes et les fruits : leur présence n'est théoriquement pas nécessaire dans le régime du chien mais leur emploi est recommandé. L'apport nutritif varie selon le végétal utilisé, mais il est généralement bas.
Il n'est pas indispensable de préparer spécialement des légumes pour votre chien parce qu'il ne les apprécie pas beaucoup. Les légumes apportent essentiellement des fibres brutes qui sont, comme nous l'avons vu, indigestes et sont éliminées avec les selles. On peut cependant donner des légumes à des chiens sédentaires qui ont tendance à l'obésité ou souffrent de constipation. Toutefois, les légumes peuvent être remplacés par quelques cuillerées de son, qui est d'ailleurs excellent sur le plan diététique et apporte des sels minéraux et des vitamines.
On peut administrer des carottes hachées aux chiens souffrant de problèmes intestinaux mais ce n'est pas nécessaire chez les chiens en bonne santé.
Il ne faut jamais donner de pommes de terre aux chiens parce qu'elles peuvent contenir de la solanine, un produit toxique auquel ils sont très sensibles. Les fruits sont appréciés par certains chiens mais ils ne présentent pas de propriétés diététiques particulières.

L'eau : le chien doit toujours en avoir à sa disposition. Il sait lui-même parfaitement réguler sa consommation en fonction du type d'alimentation qu'il reçoit et du climat. L'administration d'aliments secs augmente naturellement sa soif.

LES ALIMENTS TOUT PRÊTS

Au cours de ces dernières années, on a enregistré une augmentation considérable de la production d'aliments prêts à consommer.
La grande diffusion de ces produits a entraîné une amélioration appréciable de leur qualité et a favorisé le recours à des techniques de production sophistiquées. Il est cependant important d'apprendre à connaître les différents types d'aliments pour chiens qui sont vendus dans le commerce,

Photo P. Visintini

Photo Français/Cogis

afin de les utiliser de la meilleure façon possible. Une lecture attentive de l'étiquette figurant sur chaque produit vous permettra de faire une première analyse tout en vous fournissant des informations utiles. Dans un premier temps, on peut distinguer :
– *les aliments simples* : différents produits d'origine animale ou végétale (du riz soufflé, par exemple) ;
– *les aliments complémentaires* : mélange de produits qui contiennent des pourcentages élevés de certaines substances auxquelles on a ajouté d'autres éléments ;
– *les aliments complets* : mélange de produits d'origine animale et/ou végétale qui répondent aux besoins nutritifs journaliers.

Il est important de savoir si les aliments choisis sont complets, ou mieux s'il s'agit de produits composés intégrés (si cela suffit pour assurer un régime journalier correct) ou bien encore s'ils sont complémentaires (aliments concentrés) qui présentent une teneur élevée en certaines substances (par exemple en protéines). De par sa composition particulière, ce dernier type d'aliments n'assure au chien un régime journalier adéquat que s'il est associé à d'autres produits.

Selon leur degré d'humidité, les aliments peuvent être classés de la façon suivante :
– *les aliments secs* : ils ont un taux d'humidité inférieur ou égal à 14 %. Ils peuvent être conservés pendant de longues périodes et sont les plus utilisés parce qu'ils sont faciles d'emploi et bon marché. Ils sont moins appétissants pour les chiens que les aliments semi-humides et que les produits en boîte. Les aliments complets sont généralement composés de mélanges de céréales (froment, maïs, orge, riz), de farines de viande et de poisson, de soja, de lait en poudre, de matières grasses, auxquels sont ajoutés des vitamines et des sels minéraux ;
– *les aliments semi-humides* : leur taux d'humidité est compris entre 14 et 34 % et ils se présentent sous forme de surgelés ou en boîte. Ils sont généralement constitués de déchets de boucherie (viande bovine,

Photo P. Visintini

volaille, abats, etc.), de céréales, de soja et de légumes. Les chiens les apprécient et ils doivent être administrés avec des flocons de céréales, du pain, des pâtes ou du riz.
Leur prix est en général élevé si l'on considère leur contenu en eau important.

LA QUALITÉ DES ALIMENTS TOUT PRÊTS

La réglementation européenne sur les aliments pour animaux est précise et protège correctement les intérêts du consommateur. Il faut toutefois savoir que la qualité d'un produit dépend des matières premières qui ont été utilisées, de sa composition, des traitements chimiques subis et de la forme sous laquelle il est présenté (flocons, granulés, boulettes, biscuits, etc.), ainsi que de sa conservation.
Chaque confection est obligatoirement accompagnée d'une étiquette qu'il faut apprendre à lire attentivement parce qu'elle contient de précieuses informations telles que :
– *les ingrédients* : ils doivent être indiqués par ordre décroissant de quantité et être décrits en détail (comme par exemple le type de viande) ;
– *l'analyse chimique* : elle nous renseigne sur le pourcentage des principes nutritifs ;
– *la composition vitaminique* : c'est la quantité de vitamines et de sels minéraux additionnés par kilogramme d'aliment ;
– *les instructions* : c'est le mode de préparation et les doses d'aliments à fournir sur la base de l'expérience du producteur ;
– *la date limite de conservation* : c'est la période au-delà de laquelle la bonne conservation du produit n'est plus garantie.
Les aliments complets permettent d'établir des rations en fonction des besoins réels du chien, en dosant correctement les protéines par rapport à l'énergie dont il a besoin. Ils fournissent également la quantité voulue de vitamines et de sels minéraux, ce qui est rarement le cas quand on prépare soi-même les repas du chien.
Il est évident que la qualité de cette nourriture dépend des matières premières employées et des techniques utilisées.
Au cours de ces dernières années, toutefois, la concurrence a eu pour conséquence une amélioration considérable de ces produits sur le plan qualitatif et, comme on l'a observé pour d'autres animaux (l'homme compris), il est à prévoir que le recours aux aliments tout prêts va connaître un succès croissant.

CONSEILS POUR LA PRÉPARATION DE LA RATION

Nous avons vu que la solution qui consiste à servir des aliments tout prêts est la plus simple et la moins astreignante. Cependant, beaucoup de gens continuent à cuisiner pour leur chien des pâtées traditionnelles. Ce qui nous paraît être le plus simple consiste à mélanger des aliments tout prêts et des aliments simples qui n'obligent pas à cuisiner, tout en permettant de doser les différents ingrédients en fonction des besoins du chien. On peut éventuellement ajouter à la ration des légumes cuits ou bien une à deux cuillerées de son. Les pâtes ou le riz peuvent être remplacés par des flocons de céréales ou par du riz soufflé, auxquels on ajoute progressivement de l'eau ou du bouillon.
Ces ingrédients doivent être dosés avec une balance parce qu'ils sont très volumineux et leur masse peut induire en erreur. Le son, l'huile, les vitamines et les sels minéraux sont indispensables. La viande fraîche peut être remplacée par de la viande congelée ou en boîte.
La quantité d'aliments varie considérablement en fonction du poids de l'animal, de son activité et du climat, ainsi que de son état physiologique (gestation, allaitement, croissance) et de la présence d'autres chiens avec lesquels il peut entrer en compétition. Le froid accroît considérablement les besoins énergétiques et exige que l'on augmente la quantité de graisses. Pendant l'été, lorsqu'il fait chaud, le chien mange moins : il ne faut pas modifier la quantité de viande mais diminuer les aliments énergétiques (céréales et graisses).
Lorsque le chien atteint l'âge d'un an et demi, on peut lui administrer un seul repas par jour, donné toujours à heure fixe. Il est conseillé de ne pas laisser des restes d'aliments à sa disposition.

L'ALIMENTATION DU CHIOT

Dès le vingt-cinquième jour, on peut commencer à compléter l'alimentation maternelle

Photo Français/Cogis

par quelques repas composés de lait de vache auquel on ajoute un jaune d'œuf pour 100 ml.
Le véritable sevrage du chiot commence véritablement à partir du trentième jour, synonyme de début de l'alimentation artificielle. Le lait de la chienne est plus nourrissant que le lait de vache et plus riche en protéines et en lipides. Il permet une croissance rapide du chiot qui voit son poids doubler au cours des premiers jours de sa vie.
Un sevrage précoce fatigue moins la mère et s'avère utile lorsque les portées sont nombreuses. Les chiots sont séparés de leur mère pendant des périodes progressivement plus longues. Entre quarante-cinq et cinquante-cinq jours, ils doivent être définitivement sevrés et alimentés uniquement de manière artificielle.

Composition du lait

	Lait de vache (%)	Lait de chienne (%)
Eau	87,5	76,5
Protéines	3,3	8,8
Lipides	3,7	10,2
Cendres	0,7	1,3
Lactose	4,8	3,2

Au cours des toutes premières semaines, il faut ajouter au lait de vache un peu de viande de bonne qualité passée au mixeur ou finement hachée. On peut ensuite passer à une alimentation plus sèche constituée de :
– viande et/ou poisson de bonne qualité ;
– riz bien cuit et/ou flocons de céréales ;
– lait ;
– une cuillerée d'huile d'olive (crue) ;
– vitamines et sels minéraux.

Le lait, la viande et le poisson doivent être apportés en quantité plus importante que les céréales et constituer 80 % de la ration à quarante jours et 60 % à deux mois. On augmente progressivement la proportion des céréales. La viande peut être donnée crue si elle est de bonne qualité, mais il vaut mieux l'ébouillanter.
Pendant sa croissance, il faut donner au chiot un jaune d'œuf cru trois ou quatre fois par semaine à la place de la viande.

Le sevrage doit être terminé vers le cinquantième jour (photo P. Visintini)

Quand les portées sont nombreuses, il est recommandé d'accélérer le sevrage pour épargner la mère (photo P. Visintini)

Les céréales peuvent être remplacées par du pain sec trempé dans du lait. Il faut vérifier que les vitamines et les sels minéraux ajoutés contiennent assez de calcium et de phosphore.

L'ALIMENTATION DES REPRODUCTEURS

Il est important que le mâle et la femelle ne soient jamais obèses. En effet, un excès d'adiposité réduit leurs capacités de reproduction. Pendant le premier mois de la gestation, les besoins alimentaires ne varient pas beaucoup. Il suffit donc d'augmenter légèrement la dose de vitamines et de sels minéraux, et d'administrer un jaune d'œuf cru un jour sur deux à la chienne. Pendant le deuxième mois, le nombre de repas passe à deux, tandis que la qualité et la quantité de viande sont augmentées. Il faut continuer à administrer un œuf un jour sur deux et à augmenter la quantité de vitamines et de sels minéraux. Il ne faut pas oublier de toujours ajouter une ou deux cuillerées d'huile d'olive à son repas.

C'est pendant la lactation que les besoins de la chienne s'accroissent le plus (ils doublent, voire triplent). Pendant cette période, le nombre de repas doit être porté à trois. La ration doit être composée d'aliments nourrissants d'excellente qualité et toujours humides (jamais d'aliments secs) parce que les besoins en eau de la chienne sont très importants. Certaines chiennes ont l'habitude de vomir après leur repas pour nourrir leurs petits : c'est un instinct tout à fait naturel qui ne doit pas être considéré comme anormal.

Les mâles reproducteurs ne sont pas soumis à des efforts métaboliques spécifiques et peuvent donc conserver un régime normal. Toutefois, lorsque l'on a affaire à des étalons soumis à des rythmes intenses, il est nécessaire d'adopter des régimes assez concentrés, peu volumineux, et de leur fournir un apport vitaminique approprié. L'adjonction d'un jaune d'œuf à la ration journalière est recommandée. L'activité reproductrice des mâles doit de préférence se dérouler loin des repas.

ÉLEVAGE ET REPRODUCTION

Dans ce chapitre, nous allons fournir quelques conseils à ceux qui ont l'intention de se lancer dans l'élevage ou, plus généralement, dans la reproduction, même s'il ne s'agit que d'un seul chien.
Comme ce thème a un lien évident avec la médecine vétérinaire, je laisse au docteur Cesare Belviglieri le soin de l'approfondir.
Beaucoup d'éleveurs ont débuté avec la première portée obtenue par la première femelle qu'ils possédaient. Cela leur a permis d'entrer en contact avec le monde de la cynophilie et de l'élevage.
Il est important de distinguer l'élevage de la simple production de chiots. En effet, cette dernière activité est sans aucun doute plus facile, plus rentable et demande beaucoup moins de sacrifices et d'envie d'apprendre.
Malheureusement, ces deux activités coïncident d'un point de vue pratique et c'est seulement la compréhension des motivations qui sont à la base d'un tel choix qui permet de distinguer les producteurs de

Photo P. Visintini

Ch. It. et Repr. Graceline's Sunflower dans son travail de mère (photo et propr. Élevage Kukkola)

chiots des véritables éleveurs. L'éleveur est celui qui connaît et aime profondément la race à laquelle il s'intéresse, qui respecte son origine et son essence et qui a la conviction que son activité d'élevage va pouvoir apporter à celle-ci une contribution et une diffusion de bons représentants.
Si l'on considère que ce sont ces motivations qui nous poussent à faire reproduire notre sujet, on peut commencer à envisager la possibilité d'avoir une portée.
Toutefois, ceux qui n'ont jamais eu l'expérience d'une portée, qui n'ont pas l'intention de devenir éleveurs et qui, très probablement, ne feront cette expérience qu'une seule fois doivent être avertis.
Une portée est sans aucun doute très exaltante et forcément appréciée par tous ceux qui aiment leur chien mais il est important de ne pas sous-estimer le travail que cela demande : le temps consacré avant la mise bas des chiots, les problèmes logistiques liés au besoin d'espace pour la mère et ses petits, le besoin d'hygiène et d'assistance que réclame une portée, même

petite. Il est donc conseillé de se documenter avec précision et de ne faire ce choix que si l'on est vraiment motivé.

Malheureusement, tous ces aspects ne sont souvent pas envisagés avec recul et au lieu d'être une expérience agréable, le fait d'avoir une portée finit par devenir une corvée dont on attend la fin avec impatience.

De plus, aujourd'hui, l'offre de chiots a augmenté considérablement et il n'est donc pas facile – surtout pour un particulier qui n'est pas connu dans le milieu – de « placer » ses chiots. Plus d'une fois, des amis ou des connaissances m'ont appelé à l'aide pour trouver le plus vite possible un foyer pour trois ou quatre chiots, âgés de quatre mois, qui étaient en train de perturber sérieusement l'équilibre familial à cause de leur exubérance et de toutes les contraintes que leur présence entraînait.

Cette situation n'est pas agréable et conduit parfois, pour régler le problème, à confier le chiot, sous forme de cadeau par exemple, à des personnes dont la fiabilité dans ce domaine n'est pas totale.

Il est donc important, avant de faire reproduire sa chienne, d'évaluer les possibilités que l'on a de trouver un foyer adapté pour un nombre de chiots qui peut souvent s'élever à une dizaine.

LA FEMELLE

Les critères fondamentaux pour décider de l'accouplement d'une femelle sont de trois types : morphologiques, caractériels et en rapport avec l'existence de tares héréditaires.

Concernant les deux premiers critères, on peut dire qu'il serait préférable de ne pas accoupler une femelle dont les caractéristiques de typicité, aussi bien morphologiques que caractérielles, ne sont pas suffisantes.

Cela ne veut naturellement pas dire que l'on ne doive accoupler que des championnes de beauté ou de travail. Cela signifie simplement qu'une chienne qui présente de lourds défauts morphologiques, de grandes carences structurelles, ou des tares caractérielles telles qu'une excessive timidité ou agressivité, ne doit pas être considérée comme une bonne reproductrice.

Certains disent que l'on ne peut pas savoir et qu'une chienne mauvaise ou médiocre peut tout de même être une bonne reproductrice. Personnellement, je ne partage pas ce point de vue parce que l'expérience des éleveurs experts va dans le sens contraire, étant donné que le pourcentage de succès et d'améliorations par rapport aux sujets reproducteurs est toujours très faible.

Cette réalité est parfois difficile à faire comprendre aux propriétaires d'une femelle qui ont décidé de la faire accoupler.

L'affection que l'on porte à un chien ne doit pas nous conduire à passer sous silence ou à sous-évaluer les défauts dont il est porteur. Le fait que ce chien apparaisse en famille comme le meilleur représentant de la race ne signifie pas qu'il doive être considéré, en termes d'élevage, comme un bon reproducteur.

Les conseils d'éleveurs expérimentés ou le jugement recueilli dans une exposition peuvent constituer une bonne aide pour décider si la chienne que l'on possède mérite ou non d'être accouplée.

Malheureusement, quand un éleveur conseille d'éviter

APPAREIL REPRODUCTEUR FEMELLE

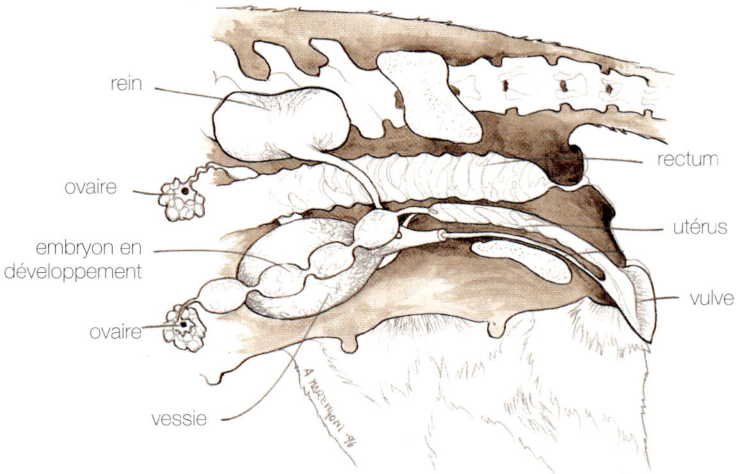

l'accouplement, ce n'est pas toujours bien accepté de la part du propriétaire, comme si ce jugement était destiné à écarter toute concurrence.
En ce qui me concerne, j'essaie toujours d'être le plus objectif possible, surtout quand le propriétaire manifeste le désir de ne pas s'arrêter à une seule portée mais de poursuivre sur la voie de l'élevage. Dans ce cas, il est fondamental de partir du bon pied et donc de pouvoir compter sur de bons reproducteurs.
En effet, de nombreux éleveurs ont débuté avec de bon-

Photo P. Visintini

Photo P. Visintini

nes lignées sanguines mais ont dû, au bout de quelques années, recommencer de zéro parce que leur production, d'un bon niveau, par exemple morphologique, présentait des inconvénients d'autre nature, comme les pathologies héréditaires.
L'autre aspect fondamental est précisément l'absence de tares héréditaires.
Dans le cas du Golden, il s'agit principalement des maladies oculaires (entropion, atrophie progressive de la rétine [PRA], cataracte héréditaire) et de la dysplasie de la hanche (HD). Un chien affecté par de telles maladies risque très certainement de les transmettre à ses descendants.
Il existe donc une grande possibilité pour que la progéniture de cette chienne soit affectée en totalité ou en partie par ce même problème.
Dans ce cas, le conseil est de s'abstenir d'utiliser un tel sujet parce que le pourcentage hypothétique de chiens inadaptés ne justifie pas le risque d'aborder la reproduction.
Si le sujet répond en revanche aux critères d'un reproducteur, on peut passer au choix de l'étalon pour la saillie.

LE MÂLE

Le choix de l'étalon doit en premier lieu s'effectuer selon le type d'accouplement que l'on désire réaliser en fonction de la généalogie des sujets.
Les possibilités sont de plusieurs types :
– ce que l'on appelle *inbreeding* (ou consanguinité), qui peut à son tour être « étroit », c'est-à-dire avec l'accouplement de parents proches (parents avec enfants, frères avec sœurs), ou « moyen », c'est-à-dire avec l'accouplement de parents plus éloignés (oncles et tantes avec neveux et nièces) ;

APPAREIL REPRODUCTEUR MÂLE

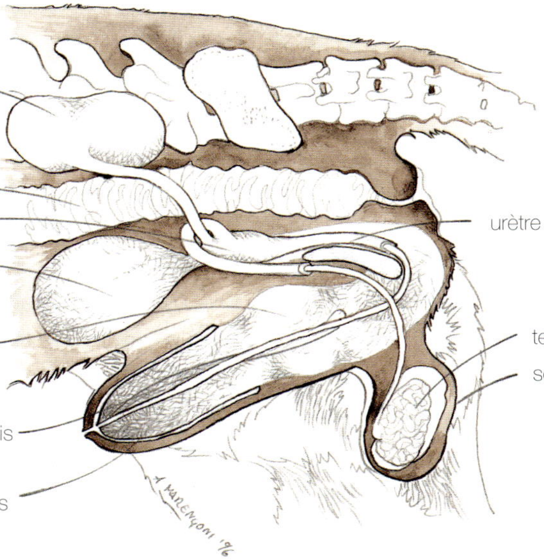

– ce que l'on appelle *linebreeding*, c'est-à-dire un accouplement toujours consanguin, mais entre sujets ayant un lien de parenté plus éloigné que précédemment ;

– ce que l'on appelle *outbreeding* ou *outcross*, dans lequel l'accouplement s'effectue entre sujets non consanguins ou ayant un degré de parenté très éloigné.

Ce sujet est fascinant et en même temps très prenant. Pour bien le comprendre il est nécessaire de posséder des notions, même élémentaires, de génétique.

La première méthode tend à fixer des caractères héréditaires de façon plus élevée, parce qu'à chaque accouplement le pourcentage d'homozygose, c'est-à-dire d'égalité génétique entre les descendants, augmente.

C'est grâce à cette méthode que l'on est parvenu à la naissance et à la formation d'une grande partie des races canines qui existent aujourd'hui. Toutefois, si l'on poursuit ce type d'accouplements cela entraîne non seulement une purification du patrimoine génétique, mais aussi son appauvrissement, avec les conséquences que l'on imagine sur la survie et la fonctionnalité des descendants. Il est donc conseillé de s'abstenir.

La deuxième méthode, qui repose, comme nous l'avons vu, sur un degré de parenté beaucoup plus éloigné, est davantage utilisée et ne comporte aucun risque. Du point de vue génétique, il est évident qu'elle offre moins de certitudes quant à la possibilité de fixer des caractères héréditaires, étant donné l'évidente augmentation des variables.

La troisième méthode est celle qui offre le moins de garanties du point de vue de l'élevage. En effet, les résultats obtenus à la première génération ne sont souvent pas transmissibles aux suivantes.

Une fois que le choix de la méthode à appliquer au sujet est opéré, on peut décider quel sujet sera utilisé comme étalon.

Le mâle doit répondre aux mêmes critères que la femelle. L'absence de tares héréditaires doit être attestée par un certificat du vétérinaire et il est conseillé de garder un double qui pourra servir à nouveau au moment de la vente des chiots. Une attestation officielle doit également prouver l'absence de dysplasie de la hanche.

Si la chienne en est à sa première expérience, il est conseillé de choisir un chien qui ne soit pas trop inexpérimenté, parce que la somme des deux inexpériences a peu de chances d'atteindre un résultat. Ce même principe est valable à l'inverse pour le mâle. Il est en effet conseillé, la première fois, de le mettre en présence d'une chienne qui a déjà été montée et qui n'a pas d'attitudes agressives ou de refus qui pourraient compromettre, parfois même pour longtemps, l'issue de l'accouplement. Si l'on opte pour un étalon déjà en activité, il est recommandé d'observer la descendance qu'il a déjà produite et de s'informer des contre-indications possibles à son utilisation.

Les champions les plus beaux ne sont pas toujours les meilleurs étalons. La qualité d'un reproducteur se mesure en fonction de sa capacité à transmettre ses qualités à sa descendance et cela ne se produit pas automatiquement.

Naturellement, il faut aussi tenir compte dans son choix des résultats spécifiques vers lesquels on veut tendre avec la portée. Si par exemple on désire de bons chiens de travail, il est important de choisir des géniteurs qui ont montré de bonnes capacités à la chasse.

Il faut également tenir compte des défauts de la chienne afin de choisir un étalon qui puisse, au moins de façon hypothétique, apporter une amélioration sur ces points.

Par exemple, une chienne ayant une ossature très fine

Photo P. Visintini

LES REPRODUCTEURS VUS PAR LE VÉTÉRINAIRE

par Cesare Belviglieri

La femelle

L'activité ovarienne commence à la puberté qui, selon la race, a lieu en général autour de sept-neuf mois. Avant cette période, l'absence d'activité ovarienne est due à un faible développement de l'appareil reproductif et à une faible production hormonale, surtout au niveau hypophysaire. Toutefois, l'âge de la puberté peut également varier sous l'action de facteurs extérieurs tels que le stress, le climat, la saison et l'état nutritionnel. Tous ces facteurs peuvent avancer ou reculer l'activité ovarienne. Le cycle œstral de la chienne dure six mois environ, ce qui est plutôt long par rapport aux autres espèces. Il est par ailleurs saisonnier et spontané, c'est-à-dire qu'à chaque saison (reproductive) favorable, on assiste à l'apparition de cycles ovulatoires. Ils sont en général au nombre de deux par an chez la chienne et le cycle œstral est constitué de quatre phases.

Prœstrus : c'est la première phase du cycle qui dure de sept à neuf jours environ. Sous le contrôle des hormones hypophysaires FSH et LH, les ovaires, l'utérus et le col de l'utérus se modifient et on assiste parallèlement à une augmentation des follicules de Graaf et de la vascularisation de l'utérus, ainsi qu'à un gonflement des parois du vagin. On assiste également à une augmentation des œstrogènes, qui vont surtout caractériser la phase suivante.

Œstrus : il dure de neuf à vingt et un jours environ. Comme nous l'avons dit, les œstrogènes augmentent, ce qui entraîne une modification de l'appareil reproducteur comme du comportement. La caractéristique la plus importante est toutefois l'ovulation qui survient au cours de la semaine située en milieu de cycle. On assiste à un accroissement de la motilité utérine ainsi qu'à une nouvelle augmentation de l'épaisseur vaginale, accompagnés également d'une plus grande épaisseur du myomètre et de l'endomètre (paroi et muqueuse utérines) et d'une dilatation du col de l'utérus pour permettre un meilleur écoulement du liquide séminal. Le comportement subit d'importants changements. La chienne est généralement plus agitée, elle cherche à s'échapper, elle est mieux disposée envers les autres chiens et il peut même arriver que la femelle monte d'autres femelles. Elle se lèche souvent le vagin, y compris pendant la période de pertes hématiques.

Métaœstrus : c'est durant cette phase qu'apparaissent généralement les manifestations externes de l'œstrus. La chienne n'accepte plus le mâle, l'ovulation a eu lieu et par conséquent le corps jaune se forme, sécrétant de la progestérone, une hormone responsable des modifications physiques ultérieures de l'appareil reproducteur ainsi que des changements comportementaux. L'utérus devient quiescent, son tonus et sa motilité baissent, le col de l'utérus se referme et l'épaisseur du vagin diminue. L'animal est en train de se préparer à une nouvelle phase du cycle ou à la gestation si l'insémination a été positive.

Dioœstrus : c'est la période de plus grande quiescence utérine. On assiste à la régression du corps jaune avec sa réabsorption. S'il n'y a pas de gestation, on assiste à une exfoliation de la muqueuse et à un lent retour à la normale de l'appareil reproducteur. Cette phase dure généralement deux mois et demi.

Le mâle

La puberté est atteinte autour de neuf à dix mois mais la capacité reproductive survient après l'âge de douze à quatorze mois. On note en effet à cet âge des changements comportementaux vis-à-vis de la femelle en chaleur comme envers d'éventuels mâles en compétition. L'animal devient plus agressif et agité, ses « fugues amoureuses » plus fréquentes. Il est très important pour avoir un bon mâle reproducteur de l'habituer à la saillie quand il est jeune. En effet, surtout chez les sujets très attachés à leur maître, on note parfois des déviances comportementales se traduisant par une indifférence totale à l'égard de la femelle. Il est également très important de s'assurer que l'appareil reproducteur ne comporte pas d'anomalies anatomiques comme la monorchidie ou la cryptorchidie, un phimosis ou un paraphimosis (une incapacité partielle ou totale à rétracter le prépuce), des déviations du pénis ou encore des malformations du gland. Toutes ces anomalies peuvent laisser penser que l'on se trouve face à un sujet stérile ou tout du moins hypofertile. Beaucoup de ces malformations ont un caractère héréditaire, certaines d'entre elles pouvant être synonyme d'interdiction de saillie.

doit de préférence être accouplée avec un chien à forte ossature dont on a déjà pu constater qu'il était capable de la transmettre à sa descendance. Ces calculs ne donnent pas toujours les résultats escomptés mais il est beaucoup plus probable d'obtenir des chiens à bonne ossature avec un accouplement de ce genre qu'avec deux chiens à l'ossature faible…

On a commencé récemment à appliquer à la reproduction des chiens de race des méthodes scientifiques de recherche génétique pour le choix des reproducteurs. Elles sont associées à d'autres secteurs de la zootechnie où elles sont adoptées avec succès depuis des années et permettent d'obtenir des résultats déterminés.

Nous en sommes encore aux débuts, notamment parce que le coût de ces procédures dissuade la plupart de ses utilisateurs possibles. En effet, ce secteur reste presque entièrement amateur et les retombées économiques ne sont pas comparables par exemple à celle que l'on observe dans le domaine des animaux de boucherie ou des vaches laitières.

De plus, dans l'élevage canin, le résultat final n'est pas d'obtenir ni d'améliorer un seul caractère déterminé (par exemple la production de lait ou la maigreur des viandes) mais d'accumuler des caractéristiques très diverses qu'il est difficile de contrôler et de faire interagir (avant tout la beauté, la correspondance avec le standard, le caractère, l'aptitude à la fonction typique de la race, etc.).

C'est donc encore à l'éleveur et à sa sensibilité qu'est laissée la lourde tâche de programmer un accouplement en espérant que le résultat réponde à ses attentes.

J'ai utilisé consciemment le terme de sensibilité parce que je crois qu'en effet, même si l'on prend en compte toutes les variantes possibles, il est avant tout important de « sentir » un accouplement déterminé et d'avoir un peu de… chance.

L'éleveur ne peut pas savoir comment vont se mélanger les caractères des deux reproducteurs ni quel va être le résultat final et le hasard joue encore un rôle très important.

Quiconque a déjà élevé des chiens sait qu'il arrive souvent que l'on programme un accouplement en désirant fixer un caractère, par exemple une tête particulièrement typique, et qu'on obtient une belle série de sujets pleins de qualités mais dotés de têtes pas exceptionnelles.

Enfin, il est également important d'évaluer la compatibilité des deux reproducteurs. Ainsi la femelle ou l'étalon donne naissance à une progéniture de type et de niveau différent selon le sujet avec lequel il a été accouplé. Cela signifie que si l'on est convaincu de la valeur d'un reproducteur, il est conseillé d'attendre au moins deux ou trois accouplements avec des chiens différents avant d'évaluer ses capacités de façon définitive.

L'ACCOUPLEMENT

La femelle atteint l'âge idéal pour la reproduction quand sa conformation et sa structure osseuse sont entièrement formées et qu'elle a atteint sa maturité psychique.

On considère généralement que les troisièmes chaleurs sont bonnes pour la reproduction, à condition que leur succession ait été régulière, ce qui correspond à un âge compris entre dix-huit et vingt-quatre mois.

À l'autre extrémité, c'est-à-dire l'âge maximal pour utiliser une chienne, l'âge varie selon qu'il s'agit ou non de sa première mise bas. Pour les primipares, il est conseillé de ne pas dépasser trois ou quatre ans, tandis que pour les chiennes qui ont déjà mis bas, on peut aller sans problème jusqu'à sept ans. Des chiennes plus âgées peuvent également mettre bas mais c'est plus exceptionnel. Naturellement cette indication d'âge s'applique à une chienne en bonne santé et bien alimentée, avec une tonicité musculaire qui lui permette d'aborder la mise bas en toute sécurité. Si ce n'est pas le cas, il est indispensable de suivre les conseils du vétérinaire sur le fait de soumettre la femelle au stress d'une gestation et d'une mise bas.

Il est également conseillé de ne pas utiliser de chiennes qui ont connu des gestations ou des mises bas difficiles ou encore dont la production n'a pas donné les fruits espérés.

Le moment de l'accouplement doit être programmé calmement, en soumettant la chienne à une visite vétérinaire, en la vermifugeant et en se mettant d'accord avec le propriétaire de l'étalon un peu avant la période probable des chaleurs.

Photo P. Visintini

Ces dernières reviennent périodiquement tous les six mois. Naturellement, il ne faut pas considérer cet intervalle dans l'absolu et comme un modèle de précision. En effet, la durée entre deux cycles peut changer d'une chienne à l'autre et il est absolument normal qu'une chienne ne connaisse une période fertile qu'une fois dans l'année (généralement au printemps). La durée de l'intervalle peut aussi être influencée par le climat, les changements de milieu et même par le voisinage avec d'autres femelles. Par exemple, la période de chaleurs des femelles de mon élevage est généralement concentrée sur quelques semaines, comme s'il existait entre elles une sorte d'appel biologique ayant un effet entraînant dès que la première débute sa période fertile.

Quand les chaleurs débutent, il est conseillé de se faire confirmer la disponibilité de l'étalon par son propriétaire et de lui communiquer à deux ou trois jours près la date de l'accouplement. Les chaleurs se manifestent par une perte de sang du vagin, généralement précédée par un certain gonflement au même endroit.

Le choix du moment adapté pour l'accouplement suscite des opinions diverses, parfois sans aucune valeur scientifique. Par exemple, la conviction que l'accouplement ne peut survenir qu'à la fin des pertes hématiques est très répandue. En réalité, certaines chiennes continuent à avoir des pertes jusqu'au vingtième jour après le début des chaleurs et naturellement également durant la période fertile.

De même, il n'est pas toujours vrai que le bon moment est celui où la chienne accepte le mâle. Il arrive souvent que des chiennes, notamment lors de la première saillie, montrent une attitude rétive et même agressive vis-à-vis du mâle, même durant la période de fertilité.

La période de fertilité pendant laquelle on peut effectuer l'accouplement se situe en général entre le dixième et le seizième jour après le début des chaleurs. Encore une fois, il ne s'agit pas d'une règle absolue mais d'une indication puisque les gestations issues d'accouplements effectués le neuvième jour ou le dix-septième jour sont fréquentes.

L'erreur que l'on commet souvent quand on accompagne sa chienne pour l'accouplement est généralement d'aller trop vite, peut-être par peur d'arriver trop tard.

Si l'étalon habite tout près, cela constitue un problème relatif, mais s'il réside à une centaine de kilomètres ou dans un autre pays, le problème devient important. Dans ce cas, il est recommandé de demander de l'aide au vétérinaire qui pourra, en mesurant l'augmentation du taux de progestérone depuis le début des chaleurs et en particulier le moment du pic de l'hormone lutérale (LH), établir avec suffisamment de précision le jour de la saillie. Cela évite ainsi des journées de vacances forcées non programmées.

Comme on vient de le voir, la règle veut généralement que ce soit la chienne qui se rende chez l'étalon. Ce choix est lié au fait que ce dernier, dans un milieu étranger et avec parfois le voisinage d'autres chiens, pourrait être distrait de sa fonction ou trop craintif pour courtiser la femelle.

Les propriétaires qui n'ont pas beaucoup l'habitude des accouplements ont en général tendance à sous-estimer les difficultés d'une saillie, considérant qu'il s'agit d'une opération rapide, réglée en deux heures au maximum. Malheureusement, cela ne se passe pas toujours ainsi et il faut donc prévoir que de nombreuses tentatives répétées sur plusieurs jours sont possibles et que l'issue n'est pas toujours favorable. C'est la raison pour laquelle je ne suis personnellement pas trop d'accord avec la demande qui m'est souvent faite par des propriétaires de laisser leur femelle dans le chenil de l'étalon pendant quelques jours et de revenir la chercher une fois l'accouplement terminé. En effet, la femelle, qui peut manquer d'expérience, n'accepte pas volontiers le voisinage de personnes inconnues et, de plus, la présence d'une femelle en chaleur « étrangère » dans un petit chenil peut entraîner une augmentation de la tension.

Il est préférable que la saillie ait lieu dans un espace restreint, voire fermé, dans lequel les deux chiens ne seront pas distraits par d'autres présences. Il ne faut pas non plus qu'ils disposent d'un trop grand espace pour leur activité de cour parce que si cette dernière se prolonge trop longtemps, elle risque de fatiguer les deux partenaires sans donner de résultat. Le sol doit être plat et non glissant afin de permettre au mâle de grimper facilement sur le dos de la femelle.

Si, au moment de la cour, cette dernière montre une certaine répulsion envers le mâle, il est préférable qu'elle soit retenue – de préférence par son propriétaire – en se plaçant devant sa tête et en la tenant fermement par les épaules.

Il arrive que cette présence humaine inhibe le mâle qui évite alors de tenter la saillie. Dans ce cas, mais aussi dans celui où la femelle se couche sur son postérieur, il est difficile de pouvoir réussir une saillie naturelle.

On peut dire, pour donner un exemple, que si le chien est habitué à la présence de l'homme ou même, comme dans certains cas, s'il se laisse guider par la main de l'homme pour introduire son pénis dans le vagin, la saillie peut, même si ce n'est pas simple, être obtenue. Le même résultat peut être atteint avec une chienne rebelle, en utilisant naturellement avec cette dernière des méthodes de coercition qui ne font pas l'unanimité. Si au contraire le chien ne supporte pas le voisinage de l'homme et que la chienne est rétive ou agressive, la saillie est alors très difficile à obtenir. Toutefois, rien ne dit que le comportement d'un jour ne changera pas. J'ai eu l'expérience de chiennes qui n'étaient absolument pas consentantes puis qui, en l'espace de trente-six heures, invitaient elles-mêmes le mâle à la saillie…

Il peut parfois être utile de déposer dans le vagin de la chienne une crème lubrifiante qui facilite l'introduction du pénis.

Pour revenir à la saillie, une fois la phase de cour terminée, le mâle effectue quelques tentatives de plus en plus approfondies, jusqu'à ce qu'il introduise son pénis. Il accomplit quelques mouvements très rapides du bassin puis un gonflement de ses corps caverneux se produit. Cette formation coïncide avec la phase la plus importante de la saillie, au cours de laquelle les deux animaux sont unis sans que la femelle ne puisse se détacher.

Il faut alors, en retenant fermement la femelle pour ne pas qu'elle tente de s'éloigner, faire pivoter le mâle de façon que la partie postérieure des deux chiens soient en contact.

Au bout d'un laps de temps variant de dix à trente-quarante minutes, le pénis retrouve ses dimensions normales et les deux animaux peuvent être détachés.

Il est important que le gonflement des corps caverneux se produise à l'intérieur du vagin. Si cela n'est pas le cas, il n'est pas exclu que le liquide séminal atteigne tout de même les organes internes de la femelle mais le pénis doit alors être maintenu artificiellement dans le vagin en empêchant le mâle de se détacher.

En général, on renouvelle la saillie pour garantir un résultat positif et l'intervalle minimal entre deux tentatives est de vingt-quatre à quarante-huit heures au maximum.

Quand il est impossible de réaliser une saillie de façon naturelle, on peut avoir recours à l'insémination en insérant dans le vagin de la femelle un cathéter à travers lequel on dépose le sperme du mâle, prélevé quelques instants auparavant.

On utilise pour cela du

Photo P. Visintini

sperme « frais », c'est-à-dire ni congelé, ni réfrigéré et le matériel nécessaire est assez sommaire (un cathéter, une seringue et un récipient pour recueillir le sperme). Ce type d'insémination peut être réalisé relativement facilement et offre la plupart du temps une bonne chance de succès. Il est toutefois conseillé de toujours se faire assister d'un vétérinaire.

Une fois la saillie réalisée, on effectue généralement le paiement au propriétaire de l'étalon. À ce sujet, il existe une entière liberté et les règles ne sont pas établies. Voici simplement quelques recommandations qui ne sont pas obligatoires. La chose la plus importante est de fixer à l'avance le montant de la compensation pour la saillie afin d'éviter des surprises désagréables. En général, il s'agit d'une somme fixe (équivalent parfois au prix d'un chiot) avec la possibilité, si la saillie n'a pas réussi, de la recommencer gratuitement. On peut également conseiller :

– d'éviter un accord qui fixe le prix en fonction du nombre de chiots nés. En général, cela favorise toujours le propriétaire de l'étalon parce

qu'il touche une somme garantie, même s'il n'y a qu'une naissance. De plus, il peut s'enrichir subitement si les chiots sont nombreux, alors que l'on ne peut pas déterminer la part de mérite de l'étalon dans ce résultat ;
– de fixer un montant en argent et de refuser le paiement en chiots. En effet, après deux mois d'efforts, il est désagréable de voir le propriétaire de l'étalon emporter un des plus beaux chiots (pour aller ensuite qui sait où ?).
Enfin, il est peut-être superflu de souligner que le prix d'une saillie est forcément lié à la valeur de l'étalon. La saillie d'un chien inconnu qui n'a obtenu qu'une fois le qualificatif « excellent » dans une exposition ne vaut pas celle d'un champion qui a déjà à son actif plusieurs bonnes portées.

LA GESTATION ET LA MISE BAS

Les soins à prodiguer à une chienne de Golden durant sa période de gestation se limitent à quelques attentions.
L'alimentation doit être substantielle et nourrissante mais pas augmentée, sinon légèrement, par rapport à celle qui lui est administrée normalement. En effet, un accroissement pondéral excessif entraîne une augmentation du poids des fœtus et un relâchement du tonus musculaire, ce qui constitue sans aucun doute une mauvaise entrée en matière pour une mise bas sans problème.
Il faut éviter à la chienne des activités physiques trop lour-

Hypofertilité et fécondation artificielle

par Cesare Belviglieri

L'hypofertilité est une capacité faible ou réduite à produire des chiots sains et vitaux tandis que l'infertilité est l'impossibilité totale de produire une progéniture.
Les causes de l'hypofertilité peuvent être diverses et provenir soit de la femelle soit du mâle : problèmes de nature génétique, de sélection, du milieu, de l'alimentation ou problèmes de nature physique comme les malformations des appareils génitaux ou encore problèmes de nature hygiénico-sanitaire et infectieuse.
Sans entrer dans le détail, il est bon de connaître quelques notions fondamentales. Du point de vue génétique, il est très difficile de savoir quelles tares le géniteur peut transmettre à sa progéniture, sauf après des analyses très particulières. Il est beaucoup plus simple de demander au maître du chien s'il possède un certificat, par exemple, d'absence de dysplasie et de s'informer sur l'élevage de provenance du chien ou encore de demander plus d'éclaircissements à l'éleveur.
Du point de vue physique, des malformations de l'appareil génital peuvent être diagnostiquées durant les visites vétérinaires : je rappelle qu'un chien atteint de monorchidie doit être exclu de la saillie et que la cryptorchidie est cause en soi de stérilité.
Du point de vue hygiénico-sanitaire, les précautions à prendre sont également simples. Il faut laver les parties génitales du chien avant tout accouplement avec une solution à base de chlore ou de chlorhexidine, facile à trouver dans le commerce. On évite ainsi des pollutions bactériennes du liquide séminal qui peuvent entraîner une moindre vitalité des spermatozoïdes, d'éventuelles inflammations du vagin ou du col de l'utérus ou même de véritables infections pouvant se transformer en pyomètre.
La fécondation artificielle est une pratique qui n'est pas encore très répandue dans le monde des petits animaux, certainement à cause des problèmes de gestion des banques de sperme qui nécessitent un investissement économique important.
Pourtant, la possibilité d'utiliser du liquide séminal ou ovarien d'animaux de grande valeur génétique, sur des périodes de temps pratiquement illimitées, comporterait des avantages énormes pour la sélection génétique. Les autres avantages de la fécondation artificielle sont la diminution du nombre de cas d'hypofertilité dus à une faible vitalité des spermatozoïdes ou des ovaires, la prévention de toutes les maladies infectieuses transmises par voie vénérienne et l'insémination de chiens vivant dans des pays très éloignés.
La fécondation artificielle doit toutefois être évitée dans le cas où le mâle ou la femelle est physiquement incapable d'effectuer une saillie.

des ou stressantes et des jeux violents avec ses semblables. Une activité motrice régulière et calme est en revanche conseillée parce qu'elle contribue à maintenir le tonus de sa musculature.

Jusqu'à quatre-cinq semaines de gestation, il est extrêmement difficile d'établir si la chienne est vraiment gravide. En effet, certains petits signes prémonitoires comme le grossissement des mamelles et un calme excessif sont également une prérogative de la grossesse nerveuse. Cette dernière se manifeste souvent chez les chiennes qui n'ont pas été accouplées au moment des chaleurs.

Si l'on n'a pas la patience d'attendre la sixième semaine, on peut procéder à une échographie qui, contrairement à la radiographie, est non seulement inoffensive mais permet aussi d'établir, avec une légère marge d'erreur, le nombre de chiots présents.

Quand l'époque prévue pour la mise bas approche, on peut commencer à habituer la chienne à l'endroit choisi pour la naissance des chiots. Ce lieu doit être tranquille, loin du passage et la chienne doit pouvoir s'y sentir en sécurité. Il est conseillé de choisir une pièce dans la maison parce que cela permet de surveiller la chienne et c'est aussi beaucoup plus facile ensuite pour s'occuper de la portée. Les propriétaires qui n'ont pas l'intention de s'arrêter à leur première expérience ont tout intérêt à acheter ou à construire une couche de mise bas. Il s'agit d'une caisse en bois ou, mieux, en plastique pour garantir une plus grande hygiène, fermée sur les quatre côtés par des parois de trente à quarante centimètres de hauteur. Cela permet à la chienne d'entrer et de sortir sans que ses chiots ne puissent quitter cet espace délimité. Il existe des protections que l'on peut ajouter sur les côtés pour empêcher le contact entre la chienne et les parois et éviter le danger d'écrasement ou d'étouffement involontaire des chiots quand ils sont vraiment petits.

Quelques jours avant la mise bas, il est tout à fait normal, surtout si l'on dispose d'un jardin, que la chienne creuse des trous dans le sol pour préparer l'événement, même si on lui a assigné un lieu pour cela dans la maison. Ce comportement habituel peut même débuter, selon les cas, longtemps avant la date prévue de mise bas.

La période effective de gestation varie selon les chiennes et les soixante/soixante-quatre jours de durée normale ne sont pas toujours respectés. Certaines naissances peuvent donc avoir lieu sans difficultés autour du cinquante-huitième jour.

Les signes prémonitoires ne sont pas nombreux et varient encore une fois d'une chienne à l'autre. Certaines commencent plusieurs heures avant à manifester des signes d'agitation, avec une respiration plus haletante et un désir de sortir. D'autres indiquent l'imminence de la mise bas seulement quelques minutes avant l'expulsion du premier chiot.

La baisse prolongée de la température rectale jusqu'à 37 °C environ constitue un autre symptôme clair de l'imminence de la mise bas.

Le Golden rencontre généralement peu de difficultés durant ce moment délicat et la mise bas se poursuit souvent de façon naturelle sans que l'homme n'ait besoin d'intervenir.

Toutefois, quand cela ne se passe pas bien, notamment en cas de dystocie (c'est-à-dire quand la position du chiot ne permet pas un passage facile), il faut avoir recours à l'aide de l'éleveur ou du vétérinaire et dans les cas extrêmes à la césarienne. L'aide, qui consiste à tenter de corriger la position qui empêche la sortie du chiot, doit naturellement être exercée uniquement par des personnes expérimentées qui connaissent l'anatomie de la chienne.

Quand il sort, le chiot est enveloppé dans une poche amniotique qui doit être percée pour lui permettre de commencer à respirer, si cela n'a pas été le cas lors de son expulsion. Il arrive que la chienne, surtout si elle est primipare, hésite à le faire et il est donc conseillé que cette opération soit réalisée par celui qui assiste à la mise bas.

La deuxième opération concerne la rupture du cordon ombilical. Elle s'effectue en serrant le cordon à une dizaine de centimètres de l'abdomen du chiot avec les pinces hémostatiques puis en coupant juste dessous, avant de désinfecter le cordon. Le chiot doit ensuite être essuyé et, si nécessaire, réanimé en massant vigoureusement (sans avoir peur !) son dos en

direction de la tête, pour permettre une évacuation parfaite d'éventuels résidus de mucus.
Si le manque de vitalité persiste, on peut insuffler délicatement de l'air dans la bouche du chiot en alternant avec les mouvements de réanimation que l'on vient de décrire. Durant ces moments, surtout pour les néophytes, il arrive souvent que l'on perde son calme et que l'on considère qu'il n'est plus possible de réanimer le chiot. Il faut au contraire insister et continuer les mouvements de réanimation jusqu'à ce que l'on entende les premiers vagissements du chiot. Naturellement, la réanimation ne peut être un succès que si elle est appliquée à des chiots qui n'ont pas subi de souffrance fœtale ou qui, pour des raisons de dystocie, ne sont pas restés trop longtemps dans le canal utérin ou dans le diaphragme pelvien. Dans ce cas, malheureusement, la situation est déjà compromise au moment de l'expulsion et tous les efforts risquent d'être vains.
Pendant que la mise bas se poursuit, il est recommandé de placer le chiot, séché, sous la chaleur d'une lampe à proximité de la chienne. Cette dernière devient souvent nerveuse quand ses nouveau-nés lui sont retirés. Si l'intervalle de temps entre deux expulsions se prolonge, on peut commencer à placer les chiots sur les mamelles de la mère.
Il est conseillé de compter les placentas expulsés pour savoir, une fois la mise bas terminée, s'il n'en reste pas un à l'intérieur que l'on pourrait prendre pour un chiot. La chienne manifeste le désir de manger les placentas et s'ils ne sont pas trop nombreux, on peut l'aider dans cette opération. Ce comportement est dicté par l'instinct et s'explique par le fait que la chienne, quand elle vivait à l'état sauvage, ne pouvait pas s'éloigner de sa tanière pendant plusieurs jours après la mise bas pour se procurer de la nourriture, étant donné qu'elle devait rester avec sa progéniture. Le contenu fortement énergétique des placentas est donc prévu par la nature pour permettre à l'animal d'affronter ces jours de jeûne. Dans une situation domestique, cette nécessité n'existe pas et il est donc recommandé de ne pas laisser la chienne ingérer plus de quatre ou cinq placentas (un plus grand nombre provoque souvent la diarrhée).
Il est normal que les chiots ne manifestent pas tout de suite le désir de se coller aux mamelles de leur mère et il faut attendre parfois une demi-heure après la naissance pour qu'ils le fassent.
La fin de la mise bas est géné-

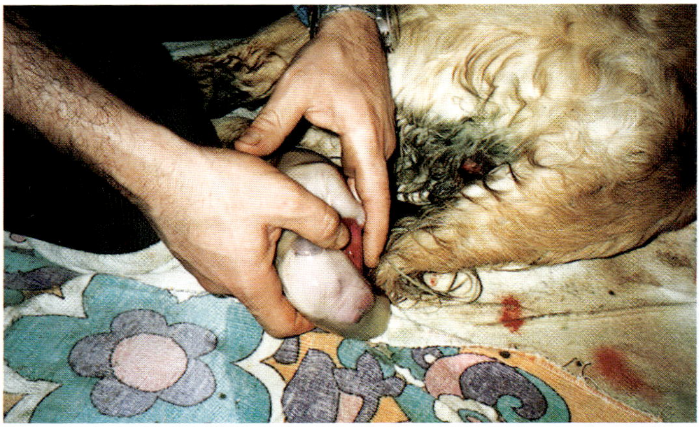

L'expulsion d'un chiot encore enveloppé dans son sac amniotique (photo et élev. Élevage Chiaroscuro)

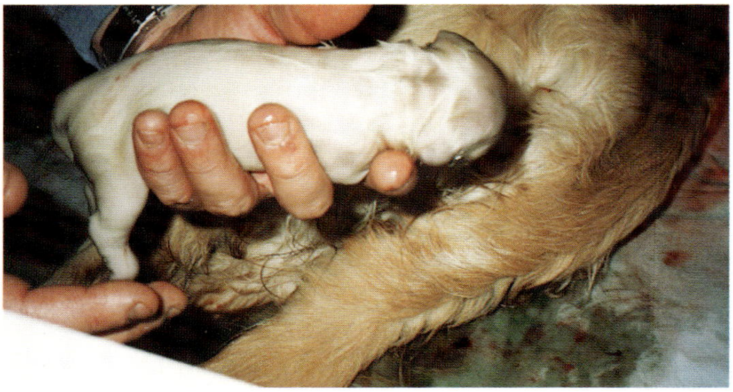

Un chiot qui est expulsé sans être enveloppé dans son sac amniotique (propr. et photo Élevage Chiaroscuro)

La réanimation d'un chiot qui vient de naître (photo et élev. Élevage Chiaroscuro)

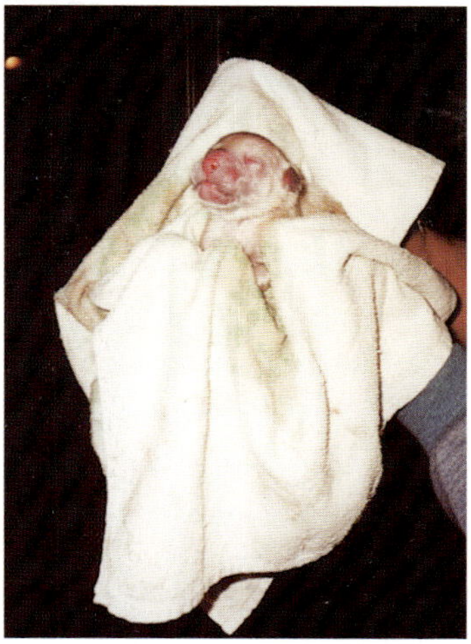

La mère lèche un chiot sur lequel on distingue encore la couleur du liquide amniotique (photo et élev. Élevage Chiaroscuro)

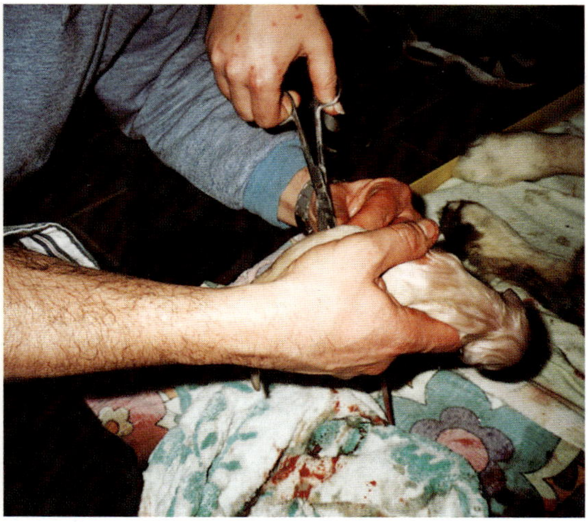

Coupe du cordon ombilical (phtoto et élev. Élevage Chiaroscuro)

LE MATÉRIEL NÉCESSAIRE AU MOMENT DE LA MISE BAS

- Ampoule d'oxytocine au cas où la femelle n'a pas assez de contractions, en prenant soin de l'administrer uniquement quand le premier chiot est déjà engagé dans le canal utérin et en cas d'extrême nécessité, s'il est impossible de pouvoir compter sur l'assistance rapide d'un vétérinaire.

- Solution physiologique à administrer éventuellement à la chienne dans le cas d'une mise bas prolongée.

- Des ciseaux et un désinfectant pour couper le cordon ombilical et des pinces hémostatiques pour arrêter la petite hémorragie qui en découle.

- Des tampons de gaze pour nettoyer les cavités nasales et la bouche des chiots portant éventuellement des traces de mucus.

- Des serviettes pour essuyer les chiots.

- Une paille en plastique ou une seringue pour insuffler de l'air si le chiot a du mal à naître et ne manifeste pas immédiatement des signes de vie.

- Des serpillières à placer sur le fond de la couche pour recueillir les liquides et à renouveler régulièrement.

- Des colliers en fil de laine de couleurs différentes pour identifier au fur et à mesure les chiots qui naissent.

- Du papier et un stylo pour écrire.

- Un seau pour les placentas (s'ils sont trop nombreux, il est préférable d'empêcher la chienne de les manger tous).

- Une lampe à rayons infrarouges à placer au-dessus de la caisse pour permettre aux chiots de se sécher et de conserver une bonne température pendant que la mère poursuit la mise bas.

PHYSIOLOGIE DE LA MISE BAS ET DE LA GESTATION

par Cesare Belviglieri

La gestation dure de soixante à soixante-quatre jours. Il est difficile de prévoir avec exactitude la date de la mise bas parce que la fécondation des ovocytes peut même survenir 48 heures après l'accouplement. Pour établir avec exactitude le moment de l'ovulation, il faudrait effectuer un dosage hormonal pour déterminer le pic préovulatoire de l'hormone lutéale (LH). On parviendrait ainsi à connaître la date de fécondation avec plus de précision. Après la fécondation, l'ovotide se transforme en morula, puis en blastula (les premières phases de la multiplication cellulaire indifférenciée), avant de passer à travers différentes phases au cours desquelles les cellules commencent à se transformer en tissus présentant des caractéristiques primitives mais bien différenciées (endoderme, mésoderme, ectoderme). Cette phase de croissance embryonnaire est très délicate parce que les cellules se reproduisent très rapidement et l'embryon peut subir des dommages irréparables. Jusqu'à dix-sept ou dix-huit jours après la fécondation, les blastocytes sont encore fluctuants dans ce que l'on appelle le lait utérin. Ils commencent simplement à entrer en contact direct avec la muqueuse utérine en créant des zones d'œdème sur l'endomètre. Avec le développement placentaire, on assiste rapidement à une différenciation organique de plus en plus grande jusqu'au moment de la mise bas. Comme on peut le déduire, au cours du premier mois de gestation, le développement fœtal est très réduit et le véritable développement se produit au cours des quarante jours qui suivent l'implantation placentaire. L'aspect extérieur de la mère change aussi : l'abdomen se détend et augmente de volume et, au cours du dernier tiers de la gestation, les mamelles commencent à gonfler.
Durant cette phase, il faut surveiller particulièrement l'alimentation, en augmentant aussi bien le pourcentage d'amidon que les protéines et en ajoutant des sels minéraux et des vitamines. Il peut être intéressant d'administrer de la vitamine D_3 pour améliorer le fonctionnement des parathyroïdes qui régulent le métabolisme du calcium. Il est également conseillé de vacciner et de vermifuger la femelle gravide pour réduire le nombre de parasites qui peuvent être transmis directement aux chiots à travers le placenta et pour favoriser la production d'anticorps qui seront ensuite transmis au chiot par le colostrum. La mise bas est l'événement délicat et compliqué qui conclut la période de gestation. Le fœtus désormais complet commence à se sentir « mal à l'aise » dans un milieu qui n'est plus adapté à la poursuite de sa vie et il commence donc à « se stresser » et à produire des quantités de plus en plus importantes de cortisol pour réduire ce stress. Il arrive la même chose à la mère qui ne considère plus les conditions environnementales de l'utérus comme idéales pour le fœtus. On assiste encore dans ce cas à du stress et à la production de cortisol. Le cortisol mis en circulation est transformé en cortisone endogène, qui constitue la cause principale du déclenchement de la mise bas. À ce moment, on assiste à une lyse des corps jaunes avec un abaissement des niveaux sériques de progestérone (hormone de la gestation), le bouchon muqueux du col de l'utérus se

ralement signalée par la tranquillité de la chienne. Si on a acquis suffisamment d'expérience, une palpation de son abdomen permet de s'assurer de l'absence d'autres chiots.
Il est conseillé de rendre visite au vétérinaire peu après une mise bas pour s'assurer de l'état de santé de la chienne et des chiots, et pour administrer les médicaments *post partum* nécessaires.

LA PORTÉE

Les soins à prodiguer à la portée se divisent grossièrement en deux moments. Le premier concerne les trois ou quatre premières semaines de vie. Durant cette phase, le rôle de l'éleveur consiste essentiellement à s'occuper de la chienne (en lui maintenant une hygiène rigoureuse), des chiots et du lieu où ils vivent, tout en contrôlant leur croissance.
La qualité et la quantité des aliments fournis à la chienne devront progressivement être augmentées, en fonction naturellement du nombre de petits. Une portée de huit chiots, par exemple, absorbe au fil du temps une très grande quantité d'énergie et la chienne doit donc recevoir une alimentation riche en sub-

dissout, les ligaments ischio-sacrés et ischio-pubiens se relâchent pour permettre l'élargissement du « canal de la mise bas ». C'est le moment où commence aussi la mise en circulation d'oxytocine qui remplit une double fonction : permettre la contraction péristaltique de la musculature lisse de l'utérus pour faire avancer les fœtus vers le col de l'utérus et déclencher la montée de lait. La température corporelle diminue d'un degré environ au cours des vingt-quatre à trente-six heures qui précèdent la mise bas. On observe également des modifications comportementales. Tout d'abord, une plus grande recherche de la présence du maître puis la recherche d'un lieu à l'écart pour se confectionner sa couche et enfin une certaine agitation peuvent laisser penser au propriétaire que l'heureux événement est proche.
Il est alors nécessaire de préparer un lieu adapté à la mise bas, qui soit habituel à la chienne et où elle se sente à son aise et protégée. On prépare la caisse de mise bas et si la pièce n'est pas bien chauffée, il est recommandé d'utiliser une lampe à rayons infrarouges pour maintenir les chiots à une température constante, y compris quand leur mère s'éloigne d'eux. Les chiots peuvent indifféremment s'exposer à la lumière en position crânienne ou podalique sans que cela crée le moindre problème. Au moment de la mise bas, l'important est d'observer la position des membres et de la tête : quand on voit un seul membre, uniquement la tête ou seulement un membre antérieur et la tête, cela signifie que quelque chose ne se passe pas correctement. On peut alors se trouver devant un cas de dystocie avec un blocage du canal de mise bas et une impossibilité pour les autres chiots de sortir. On peut essayer d'aider le chiot à sortir en exerçant des tractions délicates du membre ou de la tête, mais il est cependant le plus souvent nécessaire de repousser vers l'arrière le chiot en espérant qu'il se replace correctement. Si cela ne se produit pas, il est conseillé d'appeler le vétérinaire et d'évaluer l'opportunité de pratiquer une césarienne.
Si la mise bas s'effectue normalement, les chiots sont encore enveloppés par les membranes fœtales au moment de leur sortie. La mère les rompt généralement puis les ingère après avoir coupé le cordon ombilical. Si tout cela ne se produit pas, il faut procéder manuellement dans un laps de temps assez court, parce que les chiots risquent de mourir asphyxiés.
Après la mise bas, la chienne lèche énergiquement les chiots pour stimuler leur respiration, leur défécation et leur miction. Enfin, elle s'allonge pour leur permettre de se coller à ses mamelles.
Il est conseillé pendant cette période de penser à fournir une alimentation adéquate à la chienne, afin d'éviter de possibles pathologies post partum, telles que des tétanies gravidiques ou un collapsus puerpéral.
Au bout de vingt-cinq à trente jours, il est possible de débuter le sevrage des chiots, même si la mère allaite encore. Au bout de trente-cinq ou quarante jours, il est conseillé d'éloigner les chiots pendant des périodes de plus en plus longues pour éviter un stress excessif à la mère et un appauvrissement de ses dernières réserves énergétiques.

stances nutritives et vitaminiques. Cette mesure assure non seulement le bien-être des chiots, mais aussi celui de la chienne qui risquerait autrement une déchéance physique longue à compenser.

J'administre à mes chiennes ayant des portées nombreuses une quantité d'aliments complets (du type de ceux qui sont administrés pour la croissance des chiots) en triple quantité par rapport à la ration normale, en ajoutant de la farine lactée, des compléments vitaminiques et du calcium.

Au bout de quelques jours, quand la chienne commence à s'éloigner de ses chiots pendant de très courts instants, il est conseillé de lui faire faire de courtes promenades quotidiennes pour l'aider à retrouver sa tonicité musculaire normale.

En ce qui concerne l'hygiène, la chienne doit être soigneusement lavée dans la zone des mamelles (qu'il faut au préalable dégager de tout poil) et dans la région génitale. Cette dernière zone est sujette, spécialement au cours des premiers jours, à des pertes dues à la mise bas. Elles sont le plus souvent normales

Des chiots âgés de quelques jours en pleine tétée avec leur mère Styal Santacharissa (propr. et photo Élevage Chiaroscuro)

Un chiot né depuis quelques minutes effectue sa première tétée (élev. et photo Élevage Chiaroscuro)

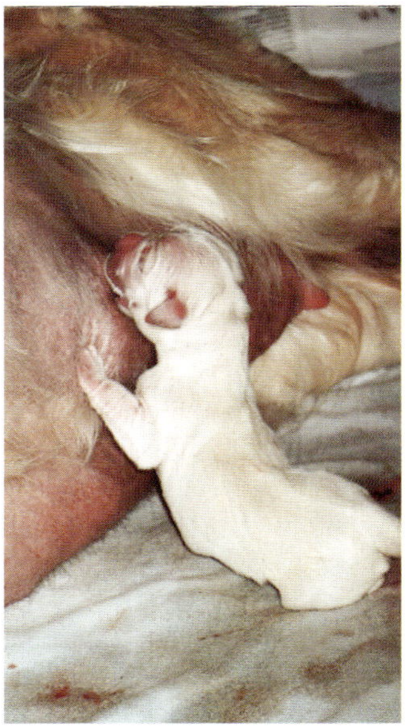

mais demandent une attention particulière pour éviter que les chiots n'entrent en contact avec elles.

La caisse de mise bas doit être nettoyée quotidiennement avec un produit désinfectant pour les murs et le sol. Il faut aussi changer, même plusieurs fois par jour, le matériel utilisé comme couche. Une autre solution consiste à placer quelques feuilles de journal recouvertes d'un petit tapis de type *vet-bed*, qui permet le passage des liquides tout en maintenant la surface sèche.

Durant cette phase, les chiots sont généralement amoureusement soignés par leur mère qui, en les léchant, leur permet d'accomplir leurs fonctions physiologiques. Il arrive qu'au début, notamment avec les chiennes primipares, la mère soit un peu réticente à accomplir cette opération d'elle-même. Dans ce cas, on peut l'y inciter en versant quelques gouttes d'huile autour de la zone péri-anale du chiot et en attrapant son museau pour l'inviter à lécher.

Il est toutefois recommandé d'effectuer un contrôle continuel afin de diagnostiquer la présence éventuelle de comportements anormaux ou de déjections liquides. Un contrôle pondéral périodique, effectué avec une balance pour nouveau-nés, est également très utile.

Ce contrôle est notamment

très utile si un des chiots connaît un retard de croissance pour pouvoir le surveiller de près. Dans le cas de portées nombreuses, si l'on s'aperçoit que certains chiots ont une taille plus petite que les autres, il faut vérifier que leurs frères plus grands et plus robustes les laissent accéder aux mamelles de la mère. Si ce n'est pas le cas, il est conseillé de placer les chiots les plus petits seuls et en premiers devant les mamelles quand la mère revient dans la couche pour allaiter. Cela permet d'éviter qu'ils soient « évincés » par leurs frères.

Dans le cas où la portée est peu nombreuse, le danger de mastite, causée par l'excès de lait et par le fait que toutes les mamelles ne sont pas utilisées, est réel. Il est donc conseillé de veiller à ce que les chiots utilisent à tour de rôle toutes les mamelles et pas seulement les mamelles centrales, qui sont généralement préférées. Si les signes de mastite sont déjà présents (la mamelle est rougie et douloureuse), l'application de compresses d'eau tiède soulagera la chienne.

La période de travail le plus dur débute quand les chiots commencent à déambuler. Les fonctions physiologiques sont accomplies spontanément et le sevrage commence avec l'administration des premiers aliments solides.

Après les premiers pas hésitants, qui ont lieu vers l'âge de trois semaines, le chiot acquiert progressivement une certaine assurance dans son déplacement et, au bout d'un certain temps, l'espace restreint de la couche de mise bas n'est plus assez grand pour lui. Il faut donc prévoir un espace plus important pour que la portée puisse mener des activités de jeu en commun, entrecoupées par des périodes de sommeil et les repas. Cet « emploi du temps » est conservé jusqu'à ce que les frères, par la force des choses, soient séparés. Si la saison le permet, il est très profitable de commencer à placer les chiots à l'air libre, dans un espace où ils peuvent être surveillés et évoluer librement sans danger. Il est très intéressant de voir le chiot qui commence à explorer le monde extérieur avec curiosité, attiré par tous les éléments nouveaux.

Toutefois, il faut faire très attention au soleil qui peut être dangereux en cas de forte intensité si le chiot ne peut pas s'abriter à l'ombre. L'humidité et le froid peuvent également, en cas d'exposition prolongée, provoquer des affections gastro-intestinales dangereuses.

Le nettoyage de l'endroit où séjournent habituellement les chiots doit être effectué plusieurs fois par jour. Dans ce but, une partie de la pièce peut être recouverte de feuilles de journal, de sciure ou de copeaux de bois, ce qui permet un nettoyage plus rapide. Il est conseillé de passer une solution germicide ou de l'eau de Javel peu diluée une fois par jour sur le sol.

Le sevrage n'a pas lieu à une époque précise. Cela dépend beaucoup du nombre de chiots qui composent la portée, du lait de la chienne et de ses conditions de santé. D'une

Quand les chiots ont suffisamment grandi, la mère préfère les allaiter en restant debout (propr. et photo Élevage Kukkola)

façon générale, la fin de la quatrième semaine est la meilleure période pour débuter le sevrage. Celui-ci débute par l'administration de très petites quantités de viande hachée aux chiots. J'en donne directement avec des aliments composés très imbibés d'eau.
La plupart du temps, le chiot n'a pas de problème pour commencer à mastiquer et après quelques tentatives, une ou deux fois par jour, on peut commencer à lui administrer des repas réguliers. Naturellement, au début, la chienne est toujours autorisée à allaiter ses chiots, mais ses visites doivent être de plus en plus espacées et survenir toujours après le repas des petits. Ainsi, ils sont moins affamés et absorbent une moindre quantité de lait.
De cette façon, la chienne va produire progressivement de moins en moins de lait pour arriver, généralement vers le cinquantième jour après la mise bas, à cesser l'allaitement.
Il est très important d'augmenter parallèlement l'activité motrice de la chienne et de diminuer progressivement le temps qu'elle passe avec ses petits.
Si la chienne persiste à avoir encore du lait malgré ces précautions, il est recommandé de lui administrer un médicament qui inhibe la production de lait, afin d'éviter le danger de mastite.
Par ailleurs, même si les chiots sont nombreux, il est conseillé de commencer à solliciter leur capacité d'apprentissage, par exemple en introduisant progressivement des bruits et des situations nouvelles pour les aider, une fois qu'ils seront dans leurs nouvelles maisons, à mieux affronter le monde extérieur qui les attend.

LES PAPIERS DU CHIEN

Quand une saillie est réalisée, l'éleveur adresse à la SCC une « déclaration de saillie » comportant les renseignements relatifs aux reproducteurs : date de naissance, couleur et variétés éventuelles, numéro d'inscription au LOF, numéro de tatouage… Il reçoit en retour une « déclaration de naissance » et une « demande d'inscription de portée » qu'il renverra à nouveau à la SCC dans les délais impartis après les avoir remplies. Par la suite (les démarches ne sont souvent pas terminées quand on prend possession du chiot), l'éleveur recevra un « certificat de naissance » qu'il vous fera parvenir. Sur ce « certificat de naissance » figure la généalogie du chiot sur trois générations. Le chien est officiellement inscrit au LOF !

Mère et fils, un couple inséparable pendant les premiers mois de la vie du chiot (photo P. Visintini)

LA SANTÉ ET L'HYGIÈNE

PAR CESARE BELVIGLIERI

Le Golden retriever est un chien qui se caractérise par une grande robustesse. Toutefois, il est nécessaire de lui prêter beaucoup d'attention et de soins pour être toujours capable de prévenir d'éventuels désagréments qui peuvent survenir durant sa vie.
Dès les premiers jours de possession du chien, il est conseillé de s'adresser à un vétérinaire pour s'assurer qu'il ne présente pas de problèmes latents ou de malformations, ou tout simplement pour obtenir des conseils sur la façon de se comporter avec son nouveau compagnon. On remarque souvent que le propriétaire néophyte prend comme vérités absolues tous les conseils donnés par l'éleveur. Cependant, quand ces recommandations sortent de la compétence de l'éleveur et touchent au domaine médical, il est toujours préférable de demander confirmation au vétérinaire auquel on va confier son animal.
Au moment de sa séparation avec sa mère et ses frères, le chien subit un grand stress

Photo P. Visintini

Photo P. Visintini

qui déclenche souvent des maladies ou provoque un brusque changement alimentaire. Il est donc conseillé de faire contrôler son chien régulièrement au cours des quinze premiers jours. De plus, il faut s'assurer que les vaccins ont été exécutés correctement, enregistrés sur le carnet de santé établi au nom du chien et contresignés par le vétérinaire. Si cela n'est pas le cas, le risque de se retrouver face à un éleveur malhonnête existe toujours et le propriétaire s'expose à quelques ennuis.

LES CONTRÔLES PÉRIODIQUES

Pour prodiguer des attentions et des soins constants à votre nouveau compagnon, il faut mettre au point des méthodes pour s'assurer que tout va bien. Le plus simple consiste à contrôler l'état général du chien et sa relation avec son milieu. L'apathie, la paresse ou l'inappétence constituent des signaux d'alarme. De même, l'état de brillance du poil doit être considéré comme un paramètre de santé. Il est conseillé, en caressant le chien, d'évaluer l'état de propreté du poil et de la peau et de rechercher les motifs éventuels expliquant les altérations. Les puces et les tiques font partie du quotidien des chiens qui fréquentent les jardins ou les parcs publics et il faut donc y remédier avec les produits adéquats, en mettant d'ailleurs éventuellement en place une action préventive. Ces petits hôtes peuvent véhiculer d'autres problèmes, plus ou moins importants, comme les parasitoses gastro-intestinales, pour lesquelles il est préférable de s'adresser au vétérinaire. En palpant et en caressant le chien, on peut aussi inspecter ses pattes et découvrir des excroissances de doigt et d'ongle (éperons) sur les membres postérieurs. En se développant, elles peuvent provoquer des problèmes de frottement. L'état des coussinets constitue également un symptôme de pathologies parfois sérieuses et il est conseillé de les montrer au vétérinaire en cas d'autre problème concomitant. De plus, il est aussi important de prendre soin des yeux et des oreilles du chien. Il suffit de les nettoyer en utilisant des produits que l'on trouve couramment dans le commerce. Pour le nettoyage des yeux, le mieux est de ne jamais utiliser de coton hydrophile mais plutôt une gaze stérile. Le coton convient en revanche très bien pour le nettoyage des oreilles, toutefois il est important de ne pas l'imbiber d'eau parce qu'il suffit de quelques gouttes dans le conduit auditif pour provoquer des otites très ennuyeuses. En cas d'otite, le chien incline la tête du côté douloureux et si cette partie est stimulée, il réagit

LE CHIEN EN BONNE SANTÉ

Ce qu'il faut observer	*Comment il doit être*
Comportement	Attentif, vif, équilibré
Appétit	Présent et adapté, vigoureux
Mouvement	Coordonné, fluide, souple
Sommeil	Régulier, pas excessif

SYMPTÔMES GÉNÉRAUX DE MALAISE

- Apathie
- Abattement
- Refus de jouer
- Manque d'appétit (anorexie)
- Vomissement et/ou diarrhée persistants
- Écoulement nasal et conjonctival
- Soif et/ou faim injustifiées
- Amaigrissement évident
- Poil opaque

SYMPTÔMES DE MALADIE GRAVE

- Respiration et battements cardiaques ralentis, accélérés, arythmiques, superficiels
- Température corporelle : basse (hypothermie), haute (fièvre)
- Melæna (présence de sang dans les urines)
- Hématémèse (vomissement hémorragique)
- Rhinorragie (sang qui coule du nez)

très souvent par un gémissement. Il est alors préférable d'avoir recours aux soins du vétérinaire qui saura reconnaître la nature du problème.

LES PRINCIPALES MALADIES INFECTIEUSES

MALADIE DE CARRÉ

Il s'agit d'une maladie infectieuse contagieuse due au paramyxovirus. Elle peut toucher des animaux de tout âge mais les chiots y sont sans aucun doute plus réceptifs. Le virus envahit les amygdales et les ganglions lymphatiques situés derrière le pharynx, puis la rate, l'estomac et l'intestin. Il passe ensuite dans le sang, à travers les monocytes et les neutrophiles (virémie) puis dans le liquide céphalorachidien et dans les méninges.

C'est une maladie parfois mortelle et qui présente souvent des séquelles permanentes à caractère nerveux.

Les symptômes sont la fièvre, l'anorexie, la dermatite vésiculaire, l'écoulement nasal muqueux et purulent, la conjonctivite, la kératite, la toux, le vomissement, la diarrhée, les convulsions, la myoclonie, la parésie.

La prophylaxie prévoit la vaccination des reproducteurs, à mi-gestation, et des chiots entre cinquante-cinq et soixante jours, avec des rappels renouvelés.

PARVOVIROSE

L'agent qui provoque cette infection est un parvovirus et on a observé deux syndromes cliniques différents. Le plus fréquent et le plus important est l'entérite, que l'on rencontre sous une forme très grave chez les chiots mais aussi chez les sujets âgés. Le deuxième syndrome est la myocardite qui entraîne la mort par arrêt cardiaque chez les sujets les plus jeunes. La myocardite n'apparaît que si l'infection virale est survenue pendant la période périnatale.

Les symptômes de l'entérite sont ceux que l'on observe en général pour toute entérite grave, c'est-à-dire l'abattement, l'anorexie, le vomissement précoce et parfois persistant, la diarrhée souvent hémorragique, la déshydratation ou l'hyperthermie, même épisodique.

La myocardite due au parvovirus est un syndrome plus rare qui apparaît exclusivement chez les chiots. Les symptômes sont ceux d'une crise cardiaque avec mort subite vers l'âge de quatre semaines. Les chiots qui survivent au-delà de huit semaines peuvent présenter des lésions cardiaques subaiguës accompagnées de fatigue, de dyspnée, d'ascite et d'arythmie cardiaque.

La prophylaxie prévoit la vaccination de la mère à mi-gestation pour tuer le virus. La vaccination des chiots survient

Paramètres physiologiques de référence

Paramètres	*Chiot*	*Adulte*
Température corporelle	38-39 °C	37,5-38,5 °C
Fréquence respiratoire (par minute)*	20-22	14-20
Pulsations cardiaques (par minute)	100-130	60-120

* En cas de température extérieure élevée, la fréquence augmente.

vers cinquante-cinq à soixante jours, avec des rappels successifs.

Hépatite virale infectieuse

Cette maladie est due à l'adénovirus dont la transmission s'effectue par contact de muqueuses et de peau.
Au cours des stades initiaux, les symptômes ne sont pas très bien définis : les phases d'hyperthermie alternent souvent avec des périodes sans fièvre. Trois jours après le début de la symptomatologie fébrile apparaissent une conjonctivite séreuse, une amygdalite, des pétéchies hémorragiques sur la peau, des douleurs abdominales et parfois une légère ascite. Deux ou trois semaines plus tard, une opacité cornéenne peut subsister et ce symptôme rend le diagnostic certain.

Herpès

C'est une maladie souvent mortelle pour les jeunes.
L'agent étiologique est un herpès virus CHV-1, transmis par les adultes aux chiots par voie inhalatrice (la plus fréquente), digestive ou placentaire.
Ce virus provoque deux symptomatologies différentes selon l'âge du chien. Chez le chiot, comme nous l'avons vu, c'est une maladie généralement aiguë et mortelle. Son incubation est courte, les selles deviennent pâteuses et jaune verdâtre. Les autres symptômes sont l'anorexie, un grave état de souffrance, de la dyspnée et la mort survient entre un et cinq jours plus tard. Chez l'adulte, la symptomatologie reste modeste puisqu'il s'agit de conjonctivite, de petits nodules lymphoïdes sur la muqueuse vaginale ou d'exsudation préputiale de type séreux.
En général, les adultes infectent toute la portée mais la réceptivité décroît à partir de la deuxième ou troisième semaine.
La prophylaxie est de type immunisante avec des vaccinations, parfois inefficaces, effectuées sur les adultes et les chiots, et de type sanitaire avec une climatisation du milieu, un isolement de la portée et une éventuelle suspension de la saillie pour les sujets suspectés d'être porteurs sains.

Comment mesurer

La température
De nombreux propriétaires suspectent une hausse de température quand la truffe (extrémité du nez) de leur chien n'est pas humide et fraîche. Comme cela n'est pas toujours vrai, il est préférable de mesurer la température rectale en utilisant un thermomètre vétérinaire ou pédiatrique, lubrifié avec de l'huile ou de la vaseline. Il faut soulever la queue du chien et bien la tenir avant d'introduire délicatement le thermomètre (2-3 cm), puis attendre trois minutes environ.

Les pulsations cardiaques
On peut appuyer directement l'oreille sur le thorax du chien pour percevoir les battements cardiaques. On peut aussi relever les pulsations de l'artère fémorale en appuyant le pouce sur la face externe de la cuisse et en même temps l'index et le majeur sur la face interne. L'artère est ainsi compressée délicatement contre le fémur et on perçoit alors les battements.

La fréquence respiratoire
On observe le thorax et on calcule le nombre d'actes respiratoires par minute, ce qui permet d'évaluer également leur rythme et leur amplitude.

RAGE

L'agent qui provoque la maladie est un rhabdovirus capable de toucher tous les mammifères. Le virus de la rage entraîne chez le chien une encéphalite non spécifique et provoque des lésions fonctionnelles sur les neurones inhibiteurs. La période d'incubation varie de dix jours à six mois, en fonction de la virulence et de la quantité de virus inoculée. Les symptômes prémonitoires sont : prurit à l'endroit de la blessure, dépression, modifications du caractère, hyperexcitabilité, paralysie des masséters et du pharynx, écoulement continu de salive de la bouche, altérations du son de l'expiration (voix rauque), agressivité, fuite sans cause apparente, ingestion de corps étrangers, convulsions, manque de coordination. La mort peut survenir entre cinq et huit jours plus tard. La transmission s'effectue à travers la salive infectée, par morsure ou léchage de blessures déjà présentes.
Les éléments communs à toutes les espèces ciblées sont : taille moyenne, souplesse, rapidité, dents pointues. Le renard, le chacal et la mouffette sont les animaux qui maintiennent le cycle de la rage sur les différents continents.
La prophylaxie prévoit la vaccination de tous les sujets dans les zones à risque.

LEPTOSPIROSE

Les agents infectieux qui causent la maladie chez les chiens sont *Leptospirosa canicola* et *Leptospirosa itteroemorragica*. La symptomatologie débute par de l'abattement, de l'hyperthermie (qui peut atteindre 40-41 °C), une soif intense dans un premier temps suivie d'un refus de l'eau, de vomissements, de congestion des muqueuses et parfois de la diarrhée. Ensuite, un ictère s'intensifiant au fil des heures se transmet au niveau cutané. L'émission d'un peu d'urine de couleur jaune intense ou tendant même vers le marron est un symptôme ultérieur du cadre clinique évoluant de façon funeste. La dyspnée, des hémorragies répandues sur les muqueuse, le coma et la mort concluent malheureusement la symptomatologie dans la plupart des cas.
La prophylaxie prévoit la vaccination des reproducteurs et des chiots tous les six mois. Il existe des infections croisées pas forcément spécifiques qui peuvent rendre la protection vaccinale inefficace. Les vaccins doivent tout de même être exécutés rigoureusement tous les neuf à dix mois. Rappelons en outre que la leptospirose est une maladie infectieuse également pour l'homme et par conséquent il est obligatoire de prévenir le vétérinaire dès que l'on soupçonne son apparition.

PROPHYLAXIE VACCINALE ET HYGIÉNICO-SANITAIRE

Une prophylaxie vaccinale et hygiénico-sanitaire est fondamentale pour mettre l'animal à l'abri des mauvaises surprises.
Il est très important de s'assurer que le chiot acheté a été soumis préventivement à au moins un contrôle de la part d'un vétérinaire. Ce dernier doit lui avoir administré un bon vermifuge et éventuellement un premier vaccin.
Les plans vaccinaux ne sont pas tous suivis de la même façon d'un élevage à l'autre. Cela dépend souvent des conditions sanitaires ou de la zone géographique. Indépendamment de la fréquence ou du type de vaccin, il est conseillé d'obtenir un document écrit de l'éleveur spécifiant ce qui a été réalisé et si possible contre-signé par un vétérinaire. Le plan vaccinal souvent conseillé est le suivant : le premier vaccin contre le parvovirus doit être réalisé à quarante-cinq jours, suivi d'un vaccin contre la maladie de Carré, contre l'hépatite infectieuse et contre la leptospirose quand le chiot est âgé de soixante jours. Les rappels doivent être effectués entre vingt et trente jours après. Les variations sont ensuite très nombreuses selon la région où l'on se trouve.
Naturellement, durant le cycle de vaccination, il est conseillé de ne pas exposer l'animal à des risques inutiles, en évitant de le mettre au contact d'autres animaux adultes. De même durant cette période, l'animal est soumis à de nombreuses situations de stress : changement de milieu, éloignement de la mère, alimentation différente, vaccins, etc. Par conséquent, si les chiots ne sont pas en parfaite condition, on peut rencontrer des problèmes parfois très sérieux. Il est ensuite très important d'exécuter les rappels annuels selon les indications du vétérinaire.

EXEMPLES DE MALADIES ORGANIQUES

Maladie	*Organe touché*	*Maladie*	*Organe touché*
Otite	Oreille	Cystite	Vessie
Stomatite	Bouche	Prostatite	Prostate
Bronchite	Bronches	Myosite	Muscle
Endométrite	Utérus	Névrite	Nerfs
Néphrite	Reins		

PRINCIPALES MALADIES INFECTIEUSES

Maladie	*Étiologie*	*Transmission*	*Prophylaxie*
Maladie de Carré	Paramyxovirus plus bactéries	Directe-indirecte, très contagieuse	Vaccinations
Hépatite infectieuse virale	Adénovirus	Contact direct contagieux	Vaccinations
Herpès virus	Herpès virus	Intra-utérine, contact direct	Vaccinations
Parvovirose	Parvovirus, très résistant	Très contagieuse	Vaccinations
Toux de chenil	Adénovirus	Très contagieuse	Vaccinations
Rage	Rhabdovirus	Contagieuse par morsure	Vaccinations
Leptospirose	Leptospira (variés)	Contagion orale	Vaccinations

PARASITOSES

PARASITES EXTERNES

Puces : ce sont des parasites qui accomplissent leur cycle vital sur l'animal et sur le sol. Leur phase reproductive se déroule sur l'hôte qui peut ensuite disséminer les œufs dans le milieu. Les puces se nourrissent de sang et de cellules de la peau qui se desquament. Elles provoquent généralement un prurit gênant qui oblige le chien à se gratter, provoquant même parfois une stimulation de son système immunitaire, entraînant ainsi de véritables allergies. De plus, en raison de leurs habitudes alimentaires, les chiens peuvent ingérer des œufs de *Dipylidium caninum* (ténia) et devenir hôtes intermédiaires, avec la possibilité de transmission à d'autres animaux.
Les espèces les plus courantes sont *Ctenocephalides canis* et *Ctenocephalides felis*.

Tiques : ce sont des parasites qui peuvent infester plusieurs espèces animales, y compris l'homme. Elles présentent un fort dimorphisme sexuel qui permet de distinguer les mâles des femelles.
Le mâle est petit et recouvert d'une couche chitineuse très dure, tandis que la femelle, beaucoup plus grande, n'est recouverte d'une couche chitineuse que sur sa partie antérieure et son dos. Ils sont tous deux hématophages.
Leur cycle biologique se compose de quatre phases : œuf, larve, nymphe, adulte.
Les tiques peuvent vivre un an et demi et pondre jusqu'à 8 000 œufs.
Une infestation massive entraîne une anémie de l'animal hôte en très peu de temps. Il est donc conseillé d'effectuer une bonne prophylaxie

Symptômes généraux des parasitoses les plus courantes

Parasites	*Symptômes*	*Thérapies*
Cutanés	Dermatites superficielles, dermatites profondes, pellicules, poil opaque, alopécie	Poudre, bains, éponges, gouttes, colliers antiparasitaires et autres
Intestinaux	Amaigrissement, diarrhée, flatulences, vomissement occasionnel, poil opaque	Différents produits en comprimés, pâte, gouttes, sirops
Hématiques	Insuffisance cardio-circulatoire, anémie grave	Variées et complexes
Auriculaires	Otite cérumineuse compliquée	Gouttes auriculaires

Photo Français/Cogis

avec les produits que l'on trouve couramment dans le commerce.
En outre, les tiques peuvent véhiculer de nombreuses pathologies parmi lesquelles la piroplasmose, l'ehrlichiose, la maladie de Lyme ou encore l'hémobartonellose.
Les espèces que l'on rencontre communément en France sont le *Rhipicephalus sanguineus*, qui se reproduit bien, même dans une maison, le *Dermacentor reticulatus*, l'*Ixodes ricinus*.

PARASITES INTERNES

Nématodes ou vers ronds

En règle générale, un diagnostic correct doit être réalisé pour effectuer une bonne thérapie. Il est donc conseillé d'effectuer périodiquement des analyses de selles pour déterminer exactement la nature du problème. Ces précautions permettent tout d'abord d'agir avec le produit le plus adapté, puis de gagner un temps précieux du point de vue thérapeutique et enfin d'économiser de l'argent étant donné le coût élevé des produits vermifuges.
Ces contrôles périodiques sont à réaliser au moins deux fois par an et, en cas de présence d'un ou de plusieurs parasites, il faut exécuter une double vermifugation à vingt ou vingt-cinq jours d'écart puis effectuer un contrôle analytique un mois plus tard.
La vermifugation doit toutefois être exécutée chez les chiots avant la vaccination et chez les femelles en gestation à mi-grossesse. Enfin, une bonne prophylaxie peut prévenir d'éventuelles transmissions à l'homme et surtout aux enfants qui n'observent pas toujours les règles d'hygiène de base.

Ascaris : les espèces qui infestent les chiens sont le *Toxocara canis* et le *Toxascaris leonina.*
Les plus réceptifs sont certainement les chiots qui sont contaminés par la mère par voie placentaire. Ces parasitoses peuvent provoquer de sérieux problèmes aux chiots infestés et même causer leur mort s'ils ne sont pas traités à temps. Ces vers peuvent atteindre des dimensions considérables (jusqu'à 20-30 cm de longueur). Par conséquent, ils retirent non seulement beaucoup d'énergie alimentaire au chiot mais peuvent aussi provoquer des coliques et des obstructions intestinales.
De plus, les larves peuvent migrer en traversant les membranes péritonéales jusqu'aux poumons, provoquant ainsi de graves péritonites et des trajets fistuleux dans les pou-

Photo P. Visintini

mons, ce qui entraîne des bronchites ou des bronchopneumonies.

Ankylostomes : ce sont des parasites intestinaux qui, grâce à leur appareil buccal, pénètrent dans la muqueuse de l'intestin grêle jusqu'à la couche capillaire, suçant ainsi le sang et le liquide lymphatique. Ces organismes hématophages peuvent provoquer de graves irritations duodénales avec l'apparition de sang dans les selles.
Le cycle biologique se déroule en partie à l'intérieur de l'hôte avec la ponte des œufs. Ces derniers éclosent une fois atteint l'extérieur avec les selles, passant ensuite au stade larvaire. Ils peuvent infester à nouveau l'hôte par voie digestive ou par voie transcutanée.

Trichocéphales : ce sont des parasites qui colonisent le cæcum et le côlon. Ce sont également des organismes hématophages qui peuvent anémier l'hôte si ce dernier est massivement infesté. Les œufs, qui ont une forme caractéristique de citron au microscope, sont très résistants dans le milieu extérieur, surtout si l'humidité du sol est très élevée. Ils peuvent en outre provoquer des entérites gênantes avec une émission de selles sanguinolentes.

Filaire : c'est la cause de la filariose cardio-pulmonaire du chien, si redoutée.
Le filaire est un nématode, *Dirofilaria immitis*, présent pratiquement dans le monde entier, qui provoque une très grave pathologie cardio-pulmonaire conduisant souvent à la mort de l'animal ou à un affaiblissement de toute façon irréversible.
Les parasites adultes vivent dans le cœur droit et dans l'artère pulmonaire. Ils peuvent atteindre jusqu'à 30 cm de longueur et causer des pathologies dilatatrices ou obstructives. Ce sont des parasites qui émettent leurs larves au premier stade de leur maturation dans le circuit sanguin. Au cours de la transmission d'animal à animal, la présence d'une espèce particulière de moustique, le *Culex culex*, joue un rôle fondamental. En suçant le sang, il ingère également les larves, appelées microfilaires, qui terminent leur croissance jusqu'au troisième stade larvaire (L3), le stade infestant. Quand le moustique suce le sang d'un autre animal, il est capable de l'infester.
La prévention joue un rôle fondamental dans la lutte contre ce parasite. Il est indispensable de diagnostiquer précocement la présence du parasite et de mettre en œuvre la méthode la plus adaptée pour l'éliminer. Il est donc conseillé de pratiquer une analyse de sang tous les printemps et, si le résultat est négatif, d'effectuer une prophylaxie adéquate que l'on prolonge jusqu'après l'automne.

Vers plats
Le ténia est le ver plat que l'on rencontre le plus fréquemment chez le chien. Il existe différents types de ténias qui peuvent infester l'animal et seul un examen des selles adapté peut mettre en évidence son type. Le *Dipylidium caninum* est le ténia le plus courant et il est constitué de trois segments : la tête, un segment (proglottis) intermédiaire et un terminal contenant les œufs. Le dernier segment se détache généralement et ressort par l'anus. Il peut rester accroché aux poils dans la zone péri-anale et se dessécher.
Le cycle biologique peut alors prendre deux directions : le proglottis est ingéré tel quel ou bien il se rompt et répand ses œufs dans les poils. Ces derniers peuvent ensuite être ingérés par des puces qui, jouant le rôle de vecteur, vont infester d'autres animaux.
L'*Echinococcus granulosus* est un autre type de ténia qui devient un hôte intermédiaire des herbivores et peut parasiter tous les carnivores, chien et homme compris. Ce ténia provoque des problèmes très sérieux avec l'apparition de kystes dans les organes les plus disparates (foie, poumon, cerveau). Il est donc conseillé d'effectuer une bonne prophylaxie surtout s'il existe un contact étroit entre les chiens, les moutons et les vaches.

Protozoaires
Coccidiose : les agents étiologiques sont l'*Isospora canis*, l'*Isospora bigemina* et l'*Isospora rivolta*.
Ce sont des espèces spécifiques, parasites intracellulaires des cellules épithéliales. Elles provoquent une symptomatologie peu visible : dépression, diarrhée, déshydratation, poil opaque, température normale ou légèrement altérée, selles qui prennent un aspect gazeux au fil du temps, striées de sang, pâleur des muqueuses, émaciation, perte de poids. Si l'on n'intervient pas de façon thérapeutique, la parasitose peut entraîner la mort de l'animal.

Elle frappe très souvent les élevages comptant beaucoup de chiens dans lesquels les règles hygiénico-sanitaires sont peu respectées.
Le diagnostic est effectué par l'examen des selles mettant directement en cause la parasitose et la thérapie s'effectue avec les molécules spécifiques ou bien des sulfamides.

Photo P. Visintini

Piroplasmose ou ***Babesia canis*** : comme cette parasitose peut également être transmise à l'homme, il s'agit donc d'une zoonose.
La piroplasmose frappe les globules rouges du sang. En se développant et en se dupliquant, elle entraîne leur rupture et leur destruction. Les parasites qui se trouvent libres dans le sang peuvent être ingérés par des insectes hématophages, en particulier par des arthropodes tels que les tiques *Ixodes* et, après une brève transformation, transmis à d'autres mammifères domestiques.
Ces parasites peuvent détruire jusqu'à 70-80 % des globules rouges, provoquant une symptomatologie très grave : de la fièvre, parfois très élevée, de l'anémie, un ictère, une présence de sang dans les urines (hémoglobinurie) et un grossissement important de la rate. La mort peut survenir dans les douze à vingt-quatre heures seulement après le début de l'infestation. Le diagnostic et la thérapie doivent donc être menés rapidement. La prophylaxie repose sur la lutte contre les tiques.

Leishmaniose : elle frappe le réticulum endothélial des mammifères, homme compris.
Ce sont également des parasites du tube digestif des insectes phlébotomes, en particulier les femelles qui sont hématophages. Par l'intermédiaire de ces insectes, le parasite peut être transmis aux différentes espèces animales.
Les agents étiologiques les plus importants sont la *Leishmania donovani*, qui provoque le kala-azar ou leishmaniose viscérale de l'homme et du chien, et la *Leishmania tropica*, qui provoque ce que l'on appelle le « bouton d'Orient » ou leishmaniose cutanée chez l'homme. La symptomatologie est variée : on rencontre des lésions eczémateuses chroniques accompagnées de desquamation de la peau et d'alopécie, d'ulcérations cornéennes, unguéales et cutanées, de la fièvre, de l'asthénie et la mort pour un fort pourcentage de chiens non diagnostiqués, donc non soignés. La thérapie est effectuée par des molécules spécifiques. La prophylaxie consiste à lutter contre les phlébotomes.

MYCOSES

Ce sont des pathologies dues à de nombreux types de champignons, levures et moisissures.
De nombreux dermatophytes ont la capacité de se développer et de pousser sur la kératine, provoquant des lésions superficielles sur l'épiderme et les follicules pilifères. Elles peuvent toucher de nombreux animaux domestiques.
Les lésions sont généralement circulaires et légèrement relevées dans leur partie centrale. La peau est rougie, glabre, avec parfois un aspect humide. Le symptôme le plus courant est le prurit si intense que l'on rencontre souvent des lésions dues au grattement beaucoup plus graves que les lésions d'origine.
Les principaux agents responsables des mycoses sont le *Microsporum cani*, le *Trichophyton mentagrophytes*, le *Microsporum gypseum*. Le diagnostic repose sur la mise en évidence du dermatophyte

Photo P. Visintini

grâce à la lampe de Wood, ou à travers une incision cutanée et une insémination des terrains de culture qui virent de couleur s'ils sont positifs. La thérapie repose sur l'administration de médicaments spécifiques par voie systémique et locale. La prophylaxie consiste à respecter les règles hygiénico-sanitaires les plus simples.

SECOURS D'URGENCE

ÉTAT DE CHOC

Il s'agit d'une insuffisance cardio-circulatoire aiguë qui provoque une chute soudaine de la pression hématique due à la diminution des résistances au niveau de la circulation périphérique. On le diagnostique facilement par la présence d'une pâleur des muqueuses, d'un pouls faible, d'une respiration haletante, de l'hypothermie et de l'évanouissement. Les différentes causes de l'état de choc sont : hémorragie, lymphorragie, anaphylaxie, septicémie, infarctus cardiaque, toxicose ou déshydratation.

Afin de retrouver les conditions physiologiques primaires, la thérapie doit être immédiate dans les cas de choc grave. Il est nécessaire de rétablir la masse de circulation du sang par une infusion de plasma, de sang ou de succédané dans les cas d'hémorragie ou de lymphorragie. En cas de septicémie, il faut administrer des antibiotiques bactéricides en contrôlant le niveau de toxicité des toxines bactériennes. En cas d'anaphylaxie, l'administration d'antihistaminiques peut suffire. En cas d'infarctus du myocarde, les interventions sont très délicates et visent à rétablir le tonus et la fréquence sans surcharger le muscle cardiaque. En cas de toxicose, la meilleure chose à faire est de savoir quelle molécule a provoqué l'état de choc, afin de pouvoir mettre en place des thérapies ciblées avec d'éventuels antidotes. En cas de déshydratation, l'administration de liquides par voie intraveineuse, hypodermique, orale ou rectale est l'intervention la plus adaptée.

EMPOISONNEMENTS

Les empoisonnements des animaux sont le plus souvent de nature accidentelle, donc faciles à diagnostiquer puisque, dans ce cas, le maître sait ce que l'animal a ingéré et est capable de donner des informations précises au vétérinaire pour mettre en place une thérapie adaptée. Naturellement, cela n'est pas toujours possible. Il existe en effet encore aujourd'hui des gens détestant tellement les animaux qu'ils mettent au point les mélanges les plus meurtriers pour atteindre leur but. Devant ce risque, il est malheureusement impossible de mettre en place des thérapies ciblées. On ne peut que se contenter de thérapies symptomatiques qui donnent souvent de faibles résultats. Si le maître a le moindre doute que son animal ait ingéré quelque chose de toxique, il peut adopter certaines mesures d'urgence. Tout d'abord, il doit chercher à provoquer le vomissement du chien s'il est certain que l'ingestion a eu lieu moins d'une demi-heure avant. Pour cela, il faut lui administrer une cuillerée de sel fin de table, dissous dans un demi-verre d'eau tiède. Au bout de 5-10 minutes, le chien vomit tout son contenu gastrique qu'il faut inspecter pour deviner ce qu'il a ingéré.

Si l'on ne connaît pas la nature du produit ingéré, il est conseillé de ne jamais adminis-

trer de liquides comme le lait ou des huiles végétales parce que cela pourrait favoriser l'absorption de certaines molécules toxiques. S'il est trop tard pour faire vomir le chien, il faut essayer d'accélérer le passage intestinal du produit en administrant au chien des huiles minérales, telle la paraffine liquide, qui présentent également l'avantage d'imperméabiliser la muqueuse intestinale. L'administration d'absorbants comme le charbon végétal n'est pas toujours conseillée parce qu'ils peuvent parfois ralentir l'absorption mais pas le transit du produit, ce qui constitue un inconvénient en cas d'ingestion de substances caustiques.
Enfin, l'administration conjointe d'huile et de charbon ne sert à rien, étant donné que le charbon se recouvre d'huile et perd donc sa fonction. Si la sub-

Comment éviter les empoisonnements accidentels

- Éviter que le chien n'ingère du shampooing et des produits antiparasitaires durant les traitements.
- Éviter que le chien circule librement dans les caves et dans les cours qui ont subi récemment des traitements désinfectants et des dératisations.
- Tenir le chien éloigné des liquides utilisés pour la voiture (l'antigel est douceâtre et appétissant).
- Placer tous les médicaments, les substances toxiques et chimiques à usage domestique hors de portée des chiens.
- Ne pas ranger de produits dangereux à côté des aliments.
- Ne pas laisser de médicaments à la portée des chiens, surtout des chiots.
- Ne pas laisser les écuelles pour la nourriture et l'eau dans le jardin pendant les traitements antiparasitaires.
- Ne pas laisser les cadavres de petits animaux morts dans les cours et jardins.

Empoisonnements accidentels ou criminels

Type de poison	***Symptômes***
Antiparasitaires à base de phosphore	Salivation, contractions musculaires plus ou moins importantes, convulsions, vomissement, diarrhée, pupille fermée (myosis) non réactive, bronchospasme, œdème pulmonaire, cyanose
Strychnine (raticide)	Convulsion, dyspnée (respiration irrégulière), écume à la bouche et asphyxie par paralysie spasmodique des muscles intercostaux et du diaphragme, mort
Produits à base de cyanure (désherbants)	Étourdissements, affaiblissement musculaire, respiration haletante et profonde, collapsus, mort ; l'haleine a une odeur d'amande amère.
Puissant raticide	Salivation abondante, vomissement, œdème pulmonaire et dyspnée, faiblesse musculaire, pouls fréquent et faible
Dicoumarol (contre les rongeurs)	Dépression, fièvre, hémorragies multiples associées à une plus grande durée de coagulation, ecchymoses sur la surface cutanée, anémie, pouls fréquent et faible, hémorragies, dyspnée, mort
Glycol éthylénique (antigel)	pouls fréquent, ataxie, délire, dyspnée, vomissement, anurie (absence d'urine), oligurie (peu d'urine), déshydratation
Médicaments	Variables en fonction du produit

Photo Labat/Cogis

stance toxique a en revanche agi par contact sur la peau ou sur les muqueuses visibles, il est conseillé de laver abondamment la partie avec de l'eau et éventuellement du savon de Marseille qui présente un très bon pouvoir détergent et hypoallergique.
Dans tous les cas, il est absolument recommandé de téléphoner au vétérinaire et de transporter l'animal à la clinique la plus proche pour effectuer les examens qui s'imposent.
Il ne faut jamais sous-évaluer le danger que présentent les produits domestiques, parce que la sensibilité envers certaines substances peut varier d'un animal à l'autre. Il suffit d'enfermer les produits toxiques dans un placard pour éviter toute mauvaise surprise.

PIQÛRES D'INSECTES

On voit souvent des chiens qui essaient d'attraper des insectes avec leur bouche parce qu'ils les gênent ou par jeu. Les piqûres de guêpe et d'abeille sont donc nombreuses durant l'été.
Généralement, la seule conséquence est un gonflement accentué de la partie touchée qui disparaît avec le temps.
Toutefois, si la piqûre concerne la gorge, les problèmes peuvent devenir plus graves quand le gonflement rend la respiration difficile. L'administration d'un produit à base de cortisone par voie parentérale peut être utile en attendant l'intervention du vétérinaire.
Il arrive que la piqûre concerne une glande salivaire et se transforme en abcès. Si le gonfle-

Photo Français/Cogis

MATÉRIEL NÉCESSAIRE EN CAS D'URGENCE

- Désinfectants : eau oxygénée, teinture d'iode, mercurochrome
- Solutions désinfectantes : liquide physiologique, eau boriquée
- Astringents et antibiotiques intestinaux
- Laxatifs : huile de vaseline
- Antiémétiques
- Un antibiotique d'urgence conseillé par le vétérinaire
- Compresses de gaze, sparadrap, gaze de 5 cm pour pansements
- Le numéro de téléphone du vétérinaire habituel

ment ne diminue pas au bout de vingt-quatre heures, il est conseillé de s'adresser au vétérinaire.

MORSURE DE VIPÈRE

En général, la morsure de vipère concerne la région labiale ou faciale. Cette situation se produit en général dans les zones de montagne, souvent à plusieurs heures de marche du village le plus proche.
Dans ce cas, les opérations menées par le maître du chien sont fondamentales pour la survie de l'animal.
Il est tout d'abord nécessaire de repérer le plus exactement possible l'endroit d'inoculation du poison.
On effectue ensuite le plus rapidement possible une incision en croix avec une lame de rasoir ou un couteau bien aiguisé. Il faut alors extraire le plus de sang et de venin possible.
Le chien doit être calmé et si possible porté dans les bras.
Quand on se rend dans une zone à risque, il est conseillé d'emporter avec soi un sérum antivenin et une ampoule de cortisone que l'on injecte l'un après l'autre (cortisone-sérum).
La moitié de la dose du sérum doit être injectée autour de la morsure et l'autre moitié par voie intramusculaire.
La cortisone, qui a pour but d'éviter le choc anaphylactique dû au venin ou au sérum, est également injectée par voie intramusculaire.

COUP DE CHALEUR

Cette situation se produit très souvent durant les mois les plus chauds, quand les animaux sont laissés dans des endroits restreints avec une température et une humidité très élevées, sans une circulation d'air adéquate et sans possibilité de boire.
On assiste alors à une hausse thermique assez dangereuse de l'animal, qui ne parvient plus à rétablir une température corporelle adaptée à son homéostasie, ce qui provoque un état de choc.
Il faut donc être très attentif et ne pas laisser le chien dans une voiture au soleil, même pour quelques minutes.
S'il subit malgré cela un état de choc, il est avant tout nécessaire de faire baisser sa température corporelle en lui mouillant la tête et les pattes avec de l'eau fraîche mais pas glacée.
On peut éventuellement immerger l'animal dans l'eau à sa température corporelle sans courir le risque d'un choc thermique.
Ensuite, il faut placer l'animal dans un lieu frais à l'ombre et lui administrer des liquides en perfusion pour le réhydrater et éviter d'éventuelles hypovolémies (diminutions de la masse sanguine) dues à la déshydratation.

FRACTURES

Les fractures les plus courantes chez le chien sont celles des membres, de la mâchoire et de la colonne vertébrale. Naturellement, elles sont souvent la conséquence de traumatismes d'une certaine gravité.
C'est la raison pour laquelle, en cas de fracture, il est conseillé de vérifier que l'état général du chien est satisfaisant et également que ses tissus n'ont pas subi de graves dommages.
Le fait que le chien boite constitue le symptôme principal de la fracture. Cette claudication peut être plus ou moins importante selon la partie du corps et le segment osseux intéressés.

Photo Labat/Cogis

Photo Lanceau/Cogis

En cas de fracture ouverte, les déchirures musculaires et cutanées importantes entraînent souvent de grandes pertes de sang. Dans ce cas, il faut tamponner la blessure avec une bande ou de la gaze et arrêter ainsi l'éventuelle hémorragie.
Il est toutefois difficile d'effectuer une contention adéquate du membre avec des moyens de fortune, notamment parce qu'en raison du choc traumatique et de la douleur le chien refuse toute manipulation en mordant.
Il est donc conseillé de conduire l'animal au cabinet vétérinaire le plus proche en essayant de le maintenir le plus délicatement possible.

PATHOLOGIES HÉRÉDITAIRES

DYSPLASIE DE LA HANCHE

C'est une pathologie qui intéresse l'articulation coxo-fémorale. Elle comporte une composante étiologique ayant une grande part héréditaire et frappe principalement les animaux de grande taille, ou plutôt montre des signes cliniques plus marqués chez les races où le poids représente un facteur aggravant. Il existe toutefois d'autres facteurs liés à la race qui ont une grande influence sur les aspects cliniques.
Par exemple, une croissance rapide peut prédisposer davantage à la dysplasie, tout comme une laxité articulaire (également due à une croissance rapide), une inclinaison des membres altérée, une asymétrie du bassin ou encore des pathologies des muscles pectinés. Il s'agit dans tous les cas d'une pathologie douloureuse et très débilitante pour l'animal, qui risque un blocage de l'articulation entraînant son immobilité. Le diagnostic de dysplasie est malheureusement effectué uniquement quand le chien est âgé de plus d'un an et qu'il est déjà inséré dans le milieu familial. Il est évident que le maître se trouve confronté à cette maladie quand il ne peut plus rendre le chien.

...ur les contrôles radiologiques
...a hanche prévoit les degrés suivants :

...	Degré 0
B...	Degré 1
C. ...	Degré 2
D. m...	Degré 3
E. grave...	Degré 4

Cela montre à quel point le choix de l'élevage, et donc des reproducteurs, est important au moment de l'achat d'un chien.
Le diagnostic est effectué par radiographie, sous anesthésie générale, auprès des centres vétérinaires autorisés.
En cas de dysplasie de quatrième degré, il existe des thérapies chirurgicales comme l'ostéotomie de la tête du fémur ou la résection des muscles pectinés. Ces deux interventions ont donné de bons résultats mais n'ont pas du tout résolu le problème. Il faut rappeler en effet que les animaux atteints de dysplasie doivent être exclus de la reproduction.
Avant d'acheter un chiot, il faut s'informer des contrôles effectués sur les parents et de leur degré de prédisposition.

PATHOLOGIES DE L'ŒIL

Entropion
C'est une pathologie qui concerne le bord palpébral aussi bien inférieur que supérieur.
Dans certains cas, il peut se replier à l'intérieur et créer des inflammations de la conjonctive dues au frottement des cils.
Si le problème apparaît avant l'âge de six mois, l'étiologie doit être considérée comme héréditaire mais si elle apparaît après, elle peut être attribuée à un problème traumatique ou bien à un blépharospasme. La pathologie est irréversible. La seule thérapie est chirurgicale et vise à corriger ce défaut.

Cataracte
Il s'agit d'une opacité congénitale ou acquise du cristallin. L'apparition de cette pathologie conduit à une opacification progressive de la luminosité de l'œil.
La dégénérescence peut être mono- ou bi-latérale mais ne conduit généralement pas à une perte totale de la vue.
La thérapie est presque exclusivement chirurgicale.

Atrophie progressive de la rétine généralisée (APR)
C'est une pathologie qui conduit à une cécité totale du chien et qui touche de très nombreuses races, y compris les croisements. Comme elle est transmise génétiquement par un gène autosomique récessif, il existe des sujets sains, des porteurs sains et des sujets malades. Cette maladie peut donc se développer de façon souterraine. On constate parfois une cécité nocturne au cours des stades précoces, de la mydriase, une perte progressive du champ visuel du centre vers la périphérie. Malheureusement, cette maladie se termine toujours par la cécité totale. Il n'existe pas de thérapie.

Atrophie progressive de la rétine centrale (APRC)
Le Golden retriever fait partie des races les plus touchées.
Les premiers signes cliniques sont présents quand l'animal a des difficultés à voir des objets immobiles, même en plein jour. En allant du centre vers la périphérie, la vision s'améliore tellement que l'animal est capable de s'adapter et le maître ne s'aperçoit souvent même pas de ce trouble.
Par la suite, le chien perd également sa vision périphérique et arrive à la cécité complète.
C'est une maladie qui apparaît vers l'âge de cinq ans. Il n'existe pas de thérapie et il est conseillé d'exclure de la reproduction les sujets malades.

CRYPTORCHIDIE

C'est une pathologie héréditaire que l'on rencontre fréquemment chez de nombreuses races. Il s'agit de la rétention d'un ou des deux testicules dans la cavité péritonéale. Cette localisation entraîne la stérilité complète du sujet parce que dans le péritoine, la température est trop élevée pour permettre la survie des spermatozoïdes. Le testicule retenu peut en outre connaître des processus dégénérescents qui condui-

Les chiots doivent avoir un aspect sain et être pleins de vitalité (photo Français/Cogis)

sent au développement de néoplasies. La thérapie peut être chirurgicale avec, quand cela est possible, la fixation du testicule dans le scrotum, ou bien avec l'ablation. L'administration d'hormones au cours des quatre premiers mois ne donne pas toujours de bons résultats constants.

CARDIOPATHIES CONGÉNITALES

Sténose subaortique

Elle frappe de nombreuses races dont le Golden retriever, même si cela ne se produit pas fréquemment. Il s'agit d'un étranglement situé juste audessous de la valvule aortique, qui se présente comme un anneau fibreux gênant la dilatation valvulaire et ralentissant l'écoulement sanguin.

Le cœur doit donc faire un plus grand effort pour pomper le sang et cela entraîne une hypertrophie du ventricule gauche qui affronte de plus grandes charges de pression au sein du circuit sanguin.

Les symptômes les plus évidents sont la fatigue, les difficultés respiratoires, la syncope. Ils peuvent entraîner la mort par arrêt cardiaque. Le diagnostic peut être exécuté avant par l'auscultation, qui laisse deviner la présence d'un souffle cardiaque et une échographie permet ensuite de visualiser directement la sténose.

Sténose pulmonaire

Il s'agit d'un étranglement, analogue au précédent, localisé au niveau de la valvule pulmonaire.

Elle est peut-être moins grave et moins fréquente que la sténose sub-aortique, mais elle peut tout de même entraîner également la mort du sujet.

Là encore, on assiste à une hypertrophie cardiaque, mais cette fois-ci du ventricule droit.

On a en outre une augmentation de la pression veineuse entraînant des transsudations abdominales, de l'ascite, de l'hépatomégalie et de la splénomégalie.

Le diagnostic s'effectue comme dans le cas précédent.

Prophylaxie et thérapie

Dans les deux cas, on se contente de contrôler les arythmies qui surgissent durant l'évolution des pathologies.

La thérapie d'élection devrait toutefois être chirurgicale puisque c'est la seule capable d'éliminer l'obstruction. Ces pathologies peuvent comporter une composante génétique.

LE DRESSAGE

Le terme « dressage » désigne toute activité qui tend à fournir de l'instruction au chien dans le but de le contrôler et de lui faire accomplir certaines activités. Naturellement, le niveau de dressage varie des ordres les plus élémentaires aux activités complémentaires et d'aide à l'homme, parfois très complexes.

Dans le cas du Golden, en dehors des différents emplois (par exemple de chien guide pour les personnes non voyantes) dont il a été chargé au cours du temps en raison de sa nature et de sa facilité de dressage, son activité typique est celle pour laquelle la race a été sélectionnée, c'est-à-dire le rapport de gibier durant les battues de chasse.

Pour des raisons évidentes de place, seules les bases élémentaires du dressage seront présentées dans ce chapitre. Elles constituent le fondement nécessaire et indispensable de toute autre activité d'instruction, même avancée.

Commençons par quelques règles de base qu'il faut toujours grader présentes à l'esprit.

Groupe de l'élevage Dreamylake en attente de la récompense du maître (photo et propr. Élevage Dreamylake)

• La méthode de dressage d'un Golden ne repose pas sur des principes coercitifs mais sur la tendance naturelle de la race à faire plaisir à l'homme et à considérer comme un jeu toute activité qui comporte un rapport de collaboration avec lui.

• La nécessité de ne pas employer de méthodes coercitives ne doit pas être comprise comme l'absence de contrôle sur l'animal. Ce dernier doit comprendre que ce n'est pas lui qui décide de ce qu'il peut faire et qu'il doit respecter les ordres même quand il n'en a pas envie. Cela suppose que le chien a déjà accepté le rôle de « guide » de la personne qui l'instruit et qu'il la considère comme supérieure. Chez les jeunes chiens et au début du dressage, il arrive souvent que le chien essaie de « tester » le degré de résistance de son maître. S'il existe des failles, il est ensuite difficile de rattraper ce désavantage.

• Pendant le dressage, il faut une bonne dose de patience et ne pas être pressé d'obtenir des résultats. Il vaut mieux répéter pendant plusieurs jours le même exercice plutôt que de passer au suivant sans être certain que les précédents ont bien été assimilés par le chien.

• Tous les chiens ne répondent pas de la même façon au dressage et, ce qui est encore plus important, pas tous de la même façon au même âge. Pour certains chiens, le prolongement de l'exubérance juvénile oblige à reculer l'âge de début du dressage.

• Il ne faut jamais stresser ou forcer excessivement le chien. Pour lui, le travail doit toujours représenter un moment de jeu et non une activité pénible à laquelle il

Golden retrievers « alignés » durant un cours de dressage (photo Élevage Kukkola)

se soumet contre son gré. Les séances de dressage ne doivent pas dépasser quelques minutes par jour, surtout au début.

LA VOIX

Ce livre s'adressant également aux personnes qui abordent leur première expérience avec un chien, il est utile de dire quelques mots sur l'importance de la voix dans le rapport avec son chien, naturellement dans l'optique du dressage. J'ai souvent eu l'occasion de noter que de nombreux nouveaux propriétaires ne comprennent pas l'importance de ce moyen de communication avec leur animal.
On dit beaucoup de choses sur l'intelligence du chien, des choses justes tout comme des lieux communs du type « il ne lui manque que la parole ». Le chien a la faculté de reconnaître une longue série d'ordres verbaux qu'il ne comprend naturellement pas en tant que tels mais qu'il associe avec le temps, à une conséquence agréable ou désagréable, en fonction d'un son déterminé. Les mots « pâtée » ou « panier », par exemple, sont au bout d'un moment associés à deux activités quotidiennes classiques. Ainsi, après les avoir entendus, le chien adopte les comportements conséquents. Il est évident que si l'on remplace d'un seul coup ces mots par des expressions du type « repas » ou « lit », le chien montrera la plus grande indifférence.
Une autre faculté du chien est de reconnaître par le ton de la voix l'attitude d'une personne. Par exemple, un ton persuasif ou affectueux est compris comme l'accompagnement d'une série de manifestations agréables de la part du maître. Dans ce cas,

Un envoi pour Royal Silk Sparkling Virtue (photo Franchi)

l'important n'est pas ce que dit le maître mais plutôt comment il le dit.
Après ces constatations élémentaires, on peut donc affirmer que la voix est un moyen de contrôle très important sur le chien puisque cela lui permet de percevoir l'état d'esprit de son maître et ainsi de comprendre l'attitude qui lui est demandée.
Prenons un exemple concret : un chien qui tire sur sa laisse ne se sentira pas enclin à marcher plus lentement si son propriétaire lui dit d'une voix douce « Fido, doucement ». Cet ordre, même répété un nombre de fois infini, restera sans conséquence. En revanche, le chien commencera très probablement à avoir quelques doutes sur la justesse de son comportement s'il entend l'ordre donné d'une voix « décidée » qui lui transmet clairement l'état d'esprit de son maître.
De même, il faut rappeler la fonction importante du mot « non ». Il est conseillé de l'utiliser sur le chiot dès qu'il est en train de commettre quelque chose que l'on ne souhaite pas qu'il fasse (attention, pas quelque chose qu'il a déjà commis). Le « non » prononcé d'une voix décidée constitue pour le chien le signal indiquant que le comportement qu'il adopte doit cesser immédiatement.
Naturellement, au début, le chiot doit être aidé pour qu'il comprenne ce que l'on attend de lui. Si par exemple il est pris sur le fait en train de ronger des chaussures, le « non » doit être prononcé au moment où on lui retire la chaussure de la bouche. Juste après, il faut donner au chiot quelque chose qu'il ait le droit de mordiller, en changeant de ton de voix et en le félicitant.
Au fil du temps, le chien va

Royal Silk Sparkling Virtue en train d'exécuter un rapport de faisan (Élevage Royal Silk, propr. Franchi, photo Cagnoni)

comprendre que le « non » signifie que ce qu'il est en train de faire est incorrect et que son maître demande qu'il renonce immédiatement à ce comportement.

LE RAPPEL

Appeler un chien qui ne revient pas est peut-être l'expérience la plus frustrante pour un maître. C'est un ordre essentiel qu'un chien bien dressé doit exécuter sans hésitations. Il est avant tout indispensable que le chien ait bien compris son nom. Une méthode efficace consiste à commencer par appeler le chiot plusieurs fois à l'occasion de moments agréables comme la pâtée. En peu de temps, le chiot aura fait l'association entre son nom et lui-même.

Ensuite, on peut débuter le travail de rappel du chiot, naturellement sur une petite distance dans un premier temps.

Le chien doit comprendre que le fait d'aller vers son maître est une opération ayant des conséquences agréables. Au début, il est donc conseillé de récompenser son arrivée par une friandise.

Même si, souvent, après plusieurs rappels, on perd un peu patience et qu'il est tentant de punir le chien qui ne répond pas, il ne faut jamais commettre cette grave erreur. En effet, le chien n'associerait pas la punition au comportement précédent mais, au contraire, aurait l'impression qu'il est préférable de ne pas répondre au rappel, étant donné les résultats qu'il a obtenus.

En cas de mauvais comportement persistant, on peut utiliser une laisse extensible qui permet, si l'ordre n'est pas exécuté, de rappeler tout de

Rapport dans l'eau pour Kukkola Italian Eagle Dame (photo et propr. Élevage Kukkola)

Conduite sans laisse (propr. et photo Élevage Kukkola)

même le chien en l'aidant ainsi à comprendre ce qui lui est demandé.

LA CONDUITE AU PIED

La conduite au pied représente un des points fondamentaux du dressage.
Cette expression désigne la marche du chien au pas, collé à la jambe gauche du maître. C'est en réalité ce dressage qui apprend au chien à s'adapter à l'allure de son maître et non l'inverse.
Une fois que le chien est parfaitement habitué à la conduite en laisse et qu'il accepte l'idée que, qu'il le veuille ou non, son avance n'est pas libre mais contrôlée par son propriétaire, on peut entamer ce type de dressage.
Il est conseillé d'adopter une laisse et un collier « étrangleur », c'est-à-dire qui fonctionne comme un nœud coulant en se rétrécissant dès que le chien exerce une pression.
On commence par marcher sur un terrain plat, en plaçant le chien sur sa gauche. Au moment où il se met à tirer excessivement ou à prendre une direction différente de celle de son conducteur, on prononce l'ordre choisi (« au pied », « fuss », « heel », etc.). Cela signifie que le chien doit reprendre sa marche collé à la jambe gauche de son maître.
Si cela ne réussit pas au début, le conducteur doit exercer une traction ferme sur la laisse de façon que le chien soit ramené dans la position désirée.
Au fur et à mesure, le chien va commencer à associer l'ordre à ce qui lui est demandé. Sans avoir besoin de recourir à la laisse, il reviendra spontanément marcher près de son maître.
Dans cet exercice, trois notions sont importantes :
– l'ordre doit toujours précéder la traction sur la laisse et cette dernière ne doit être effectuée que si le chien ne répond pas à l'ordre ;
– l'ordre ne doit être donné qu'une seule fois d'une voix décidée. Si le chien comprend que ce son peut être répété plusieurs fois sans qu'il n'y ait de conséquences, il sera difficilement obéissant ;
– chaque fois que le chien montre qu'il a compris l'ordre et qu'il obéit, le maître doit le flatter et le féliciter pour qu'il comprenne qu'il a fait ce qu'on lui demandait.
Ce n'est que quand on a atteint une parfaite conduite au pied avec la laisse, y compris durant des situations particulières comme en présence d'autres chiens, que l'on peut passer à la conduite au pied sans laisse. Comme elle limite le contrôle sur le chien, l'absence de laisse peut être risquée, pour l'animal et pour les autres. Il est donc conseillé, surtout en ville, de ne l'adopter que quand on a une grande confiance dans les capacités du chien à répondre immédiatement aux ordres.

L'ORDRE « ASSIS »

C'est l'ordre avec lequel on apprend au chien à adopter la position assise.
En marchant avec le chien à sa gauche, le conducteur s'arrête, prononce l'ordre qu'il a choisi (« assis », « sit », « stop », etc.) et exerce en même temps une pression sur la croupe du chien pour obtenir qu'il se positionne comme il le souhaite. Dans certains cas seulement, il est possible d'accompagner la pression sur l'arrière-main, exercée de la main gauche, avec une traction de la laisse vers le haut.
Au début, cet ordre est donné quand le conducteur est en contact avec le chien mais une fois qu'il a été bien assimilé, celui-ci pourra être donné même si le chien est à plusieurs mètres de distance.

L'ORDRE « COUCHÉ »

Avec cet ordre, on demande au chien d'adopter la position allongée avec les postérieurs fléchis et les antérieurs en extension, une position appelée généralement « en sphinx ».
Le chien la prend souvent spontanément mais il a parfois du mal à l'adopter sur ordre.
En partant de la position « assis », le conducteur commence à donner l'ordre « couché » en déplaçant en même temps l'antérieur du chien vers l'avant. Éventuellement, il peut aussi exercer une légère pression sur le dos du chien une fois que la position a été atteinte, tout en continuant à prononcer l'ordre « couché ».

L'ORDRE « PAS BOUGER »

Avec cet ordre, on demande au chien de garder une certaine position, généralement « assis » ou « couché ».
Son enseignement demande

Golden retrievers Dreamylake pendant le dressage avec le dummy (manchon en tissu) (propr. et photo Élevage Dreamylake)

une certaine patience parce que le chien n'accepte pas facilement de rester dans une position passive loin de son maître ou quand celui-ci est en train de s'éloigner de lui. Il s'agit donc de l'exercice typique de ce que les Anglo-Saxons appellent *steadiness*, c'est-à-dire la conduite du chien parfaitement conforme aux ordres requis, exécutée sans la moindre hésitation.

Il est généralement conseillé de partir de la position « assis » en commençant par tourner autour de son chien en prononçant l'ordre « pas bouger » (ou « stay », « reste », etc.). Ensuite, le conducteur commence à s'éloigner progressivement de quelques pas, toujours en prononçant le même ordre. Il est important, au moins au début, que le conducteur revienne vers son chien à la fin de l'exercice en le félicitant pour son action, plutôt que de le rappeler vers lui. En effet, le chien pourrait associer la course vers son maître à la fin de l'ordre « pas bouger », ce qui entraînerait chez lui une certaine impatience à anticiper les retrouvailles, même sans ordre. Dans les cas les plus difficiles, on peut recourir à une longue corde à la place de la laisse. On la fixe à un piquet placé derrière le dos du chien et le conducteur se place à quelques mètres de distance en face de l'animal.

Ainsi, en opérant une traction sur la corde, on empêche le chien de quitter la position désirée et il acquiert la conviction que malgré l'éloignement du conducteur, ce dernier conserve le pouvoir de contrôler ses mouvements avec l'ordre « pas bouger ».

L'UTILISATION DU SIFFLET

L'utilisation du sifflet est très utile pour aider à donner des ordres au chien parce que l'animal l'entend plus facilement et à plus grande distance que le son de la voix. En outre, il induit moins d'erreurs de compréhension possibles. Naturellement, le chien doit être dressé à répondre à ce type d'instrument et à l'association ordre-type de son.

Les deux ordres de base sont le rappel et le « pas bouger ». Pour le premier, il faut utiliser au début le nom du chien ou l'ordre de rappel, suivi aussitôt du son du sifflet que l'on désire adopter. Généralement, pour ce type de rappel, on utilise une série de signaux courts, répétés si nécessaire selon la même séquence (en général trois signaux courts de la même tonalité). Une fois que le chien commence à associer le rappel au son, on peut se contenter d'utiliser le sifflet. On adopte le même principe pour l'ordre « pas bouger » mais en utilisant un signal long et assez prolongé. Au moins au début, en entendant le signal, le chien voudra obtenir une confirmation visuelle de l'ordre. On peut alors lever le bras avec la main ouverte pour confirmer l'ordre « pas bouger » donné au moyen du sifflet.

Photo P. Visintini

L'EXERCICE DU RAPPORT

Le rapport est généralement un mouvement instinctif chez le Golden et on peut le constater en lançant un objet à un chiot qui sera aussitôt tenté de courir et de le prendre dans sa bouche. Il est toutefois évident que cet instinct doit être guidé. Le chien doit apprendre à rapporter « doucement » (aucun chasseur n'aime mettre dans sa gibecière un animal « mastiqué » par le chien), uniquement s'il reçoit l'ordre adéquat et sans effectuer de changements de parcours.

Cette phase du dressage demande beaucoup de patience et de temps. De plus, elle ne doit pas être abordée avant de posséder un contrôle parfait sur le chien.

La première étape du dressage concerne le rapport d'un *dummy*, c'est-à-dire un manchon constitué d'un cylindre en tissu rempli de sciure.

Une fois que le chien a couru prendre le rapport qui a été lancé, on utilise l'ordre de rappel (avec la voix et le sifflet) et quand il revient, on pose aussitôt la main sous sa bouche en attrapant le rapport pendant quelques secondes avant de lui retirer en prononçant l'ordre « lâche ».

Si le chien hésite à effectuer le rapport, il faut jouer avec l'objet et le chien pendant quelques secondes, afin de l'intéresser et de lui faire comprendre qu'il s'agit d'un jeu consistant à faire passer l'objet de sa bouche aux mains de son maître.

Parfois le chien, après avoir pris le *dummy* dans la bouche, a tendance à s'éloigner de son propriétaire, l'invitant presque à le suivre. Il ne faut absolument pas le suivre et, au contraire, si le chien ne répond pas aux ordres de rappel, il vaut mieux courir dans la direction opposée à celle du chien. Ainsi, la plupart du temps, après un moment d'incertitude, le chien va courir dans la direction de son

Rapport d'un faisan pour Kukkola Italian Eagle Dame (photo Kukkola)

Rapport d'un faisan (photo Élevage Kukkola)

Ch. It. Chiaroscuro Armata Rossa qui effectue un rapport dans l'eau (propr. Élevage Chiaroscuro, photo Martini)

maître qui pourra ainsi se faire remettre l'objet.
Une fois que le chien a compris le principe du rapport, on peut passer à la phase où il l'accomplit uniquement après avoir entendu son maître en donner l'ordre. Quand les chiens ont très envie de rapporter, cette phase demande alors du temps parce que le Golden a du mal à rester indifférent pendant que le *dummy* est lancé sous ses yeux. Dans ce cas, il est conseillé d'avoir recours à la laisse. Le chien, en position « assis » assiste au lancement pendant que le conducteur prononce l'ordre « pas bouger ». Seulement au bout de quelques secondes et en contrôlant toujours le chien, on retire sa laisse et, calmement, on prononce l'ordre « rapporte ». Au bout de quelque temps, très patiemment, le chien apprendra à rester immobile pendant le lancement du manchon, même sans l'aide de la laisse.

LE RAPPORT DIRIGÉ

La phase suivante du dressage consiste à apprendre à diriger le chien vers le rapport d'un objet placé dans une direction précise, en présence d'autres rapports éparpillés sur le sol.
Il est évident que ce type d'enseignement présuppose un contrôle très sûr du chien. Il faut notamment être certain de pouvoir l'arrêter s'il prend une autre direction que celle qui est désirée.
En partant avec le chien en position « assis », on lance (sous l'œil du chien) deux manchons dans des directions diamétralement opposées. Ensuite, on donne l'ordre du rapport en se plaçant près du chien, sur le côté opposé à la direction où on veut l'envoyer. Cela constitue une sorte de barrière avant tout psychologique.
Au début, le chien aura tendance à rapporter l'objet lancé en dernier, pour des raisons évidentes de mémoire. Dans ce cas, il faut l'arrêter immédiatement, le rappeler et l'envoyer à nouveau dans la bonne direction. Une fois que le chien a parfaitement assimilé l'exercice, on peut augmenter le nombre d'objets à rapporter en les rapprochant de plus en plus les uns des autres.

LE RAPPORT À L'AVEUGLE

Jusque-là, le chien a effectué des rapports après avoir assisté aux lancers et a donc pu mémoriser le point de chute. Comme cela n'est naturellement pas toujours possible durant une battue de chasse, il est important qu'un chien bien dressé parvienne également à effectuer le rapport d'un objet ou d'un animal dont il n'a pas pu mémoriser le point de chute.
Au début, comme une variante sur le thème du rapport dirigé, on procède au lancer d'un manchon pas seulement dans le champ visuel du chien, mais aussi dans son dos. Le maître se place ensuite face au chien et donne l'ordre à l'animal de rapporter l'objet posé dans son dos (il doit avoir entendu le bruit de sa chute).
L'étape suivante consiste à placer silencieusement des manchons dans une zone, évidemment restreinte au début, dans laquelle le chien sera envoyé en recherche. Naturellement, l'entente entre le chien et son conducteur est d'une importance fondamentale. Il faut en effet que le

chien se fie aux indications qui lui sont données par le conducteur sur la zone où il doit étendre ses recherches. Dans un *field trial*, ces indications s'étendent jusqu'à plusieurs centaines de mètres et le maître guide alors progressivement les déplacements du chien sur le terrain.
Si on a l'intention de poursuivre sur la voie des épreuves de chasse, il est nécessaire de dresser le chien au coup de feu. Pour cela, on peut utiliser, au moins au début, un pistolet à blanc ou de type starter, leur déflagration étant moins forte que celle d'un fusil de chasse. Si cela est possible, il est conseillé de débuter avec le chiot pour l'habituer au bruit. On commence par tirer à plusieurs mètres de distance puis on se rapproche de plus en plus. Un des meilleurs moments pour cet exercice est celui de la pâtée parce que la voracité du chiot fait passer au second plan l'émotion éventuellement ressentie, en atténuant ses effets. Quand le chien montre suffisamment d'indifférence, on peut commencer à associer le bruit du coup de feu avec le rapport, afin que le chien assimile la séquence coup de feu-chute de l'objet-rapport.
Le passage d'un rapport de type artificiel, comme le *dummy*, à un animal mort, présente parfois quelques difficultés parce que le chien peut se montrer réticent à « mordre » les plumes d'un oiseau. Dans ce cas, il peut être utile de « masquer » un *dummy* courant avec quelques plumes, dont on augmente le nombre au fur et à mesure, de manière à habituer progressivement le chien au passage d'un type de rapport à l'autre.
Enfin, dans tous les cas, si l'on a l'intention de poursuivre dans la voie du dressage avancé du chien, il faut fréquenter les cours organisés périodiquement en particulier par le Retriever Club de France. En effet, comme dans de nombreuses autres disciplines, la partie théorique ne peut pas être dissociée de l'exercice pratique et d'observation d'exemples concrets. De plus, la présence permanente de dresseurs qualifiés permet de corriger immédiatement d'éventuelles erreurs et d'adopter des remèdes au cas par cas en fonction du type de problèmes rencontrés par le chien. Nous sommes en effet en présence de créatures vivantes qui présentent, au-delà d'un fond commun, des individualités différentes qui nécessitent souvent des modalités de dressage hétérogènes.
Les règlements des épreuves d'aptitude et des épreuves de travail peuvent être retirés auprès du Retriever Club de France.

Stefano Santambrogio (Dreamylake) envoie un chien sur un rapport à l'aveugle (blind)
(propr. et photo Élevage Dreamylake)

Carina Selberg durant un rassemblement du Retrievers Club italien (photo et propr. Élevage Kukkola)

LES EXPOSITIONS

À QUOI SERVENT LES EXPOSITIONS ?

Les personnes n'appartenant pas au milieu cynophile, parfois relayées par des articles de presse, considèrent souvent les expositions canines comme des « foires de la vanité », réservées aux propriétaires de chiens de race (ou tout du moins à une partie d'entre eux) qui aiment voir « défiler » leurs « poulains » comme s'il s'agissait de l'élection d'une reine de beauté quelconque.
Cette opinion difficile à combattre est principalement due au fait que la culture zootechnique n'est pas toujours très répandue et que le chien occupe parfois un échelon très bas dans l'échelle des valeurs.
Dans les pays anglo-saxons ou en Europe du Nord, l'importance du monde animal est en revanche reconnue et des personnalités n'hésitent souvent pas à récompenser en personne la meilleure vache productrice de lait de l'année ou le cheval vainqueur du derby.
La culture du chien de race n'est donc pas très répandue chez nous et sa diffusion n'atteint pas, avec les problèmes afférents, des niveaux très élevés comparativement, par exemple, à ce que l'on observe dans d'autres pays de l'Union européenne.
Il est vrai que les expositions représentent aussi l'opportunité pour certains d'exprimer leur désir de compétition, mais c'est l'exception qui confirme la règle.
Cette conception a été renforcée récemment par la décision d'augmenter l'aspect spectaculaire de ces événements, dans le but méritoire de rapprocher le grand public des chiens de race. C'est la raison pour laquelle certaines expositions ont pris des allures de kermesse et les commentateurs mettent davantage l'accent sur les aspects « folkloriques » des chiens jugés que sur leurs qualités de membres d'une race donnée.
Toutefois, l'élevage de chiens de race pure est en réalité une activité qui entre à part entière dans la notion de zootechnie et les expositions ne représentent rien d'autre qu'un banc d'essai pour les éleveurs et les particuliers. C'est en effet l'occasion pour eux d'évaluer les critères sélectifs qu'ils ont appliqués et d'avoir une idée en termes scientifiques de la valeur des sujets présentés.
Les expositions n'ont pas que de la valeur pour les éleveurs. Tout propriétaire de chien peut avoir plaisir à savoir si son sujet entre dans les canons de la race et éventuellement quels sont ses qualités et ses défauts.
Généralement, le parcours est toujours le même : on se rend à la première exposition pour essayer et si les résultats sont encourageants, on continue. Quand ensuite la passion de la compétition prend le dessus, on devient partie intégrante de ce *dog people* si particulier. Ses membres aiment passer leurs week-ends à parcourir des centaines de kilomètres, après s'être souvent levés à l'aube pour se rendre dans une exposition

Kukkola Ghost Buster to Royal Silk pendant une exposition (propr. et photo Élevage Royal Silk)

et revenir le soir fatigués et pas toujours heureux, pour le seul plaisir de conquérir une cocarde.

Comme pour beaucoup de passions, il est difficile d'expliquer ce qui pousse quelqu'un à affronter tout cela : l'esprit de compétition, l'envie de partager avec son chien des émotions parfois uniques, l'envie de discuter, de débattre et de passer de bons moments avec des gens partageant la même passion.

C'est probablement un peu de tout cela à la fois. Le propriétaire d'un chien de race devrait essayer au moins une fois de participer à une exposition. C'est en effet un univers qui ne peut pas être pleinement compris si on n'en a jamais fait partie.

Beaucoup de personnes abordent ce monde avec scepticisme mais deviennent au fil du temps des *aficionados* qui ne ratent pas une exposition.

Pour résumer, les expositions ont leur charme et une importance qui, pour beaucoup de passionnés, dépasse largement l'objectif pour lequel elles ont été créées.

JUGEMENT, STANDARD ET TYPE

Les profanes se demandent souvent quels sont les critères de jugement qui permettent à un juge de préférer un chien à un autre.

Précisons tout de suite que le jugement reste subjectif et que le juge dispose d'un temps limité pour l'exprimer.

Ensuite, pour comprendre un jugement, il faut savoir que la notion de référence est celle du « standard ». Comme nous l'avons vu, il s'agit de la description du chien idéal, représentant l'ensemble des caractéristiques et des qualités de la race et constituant le modèle de comparaison pour tous les sujets.

Le standard est donc le point de référence mais comme cette description utilise parfois des

termes génériques, la confrontation entre le modèle et la réalité laisse beaucoup de place à l'interprétation personnelle. Par exemple, si la couleur des yeux du chien est une donnée incontournable, quand le standard annonce que le cou du Golden doit être d'une « longueur correcte », les capacités d'appréciation personnelle du juge entrent en jeu. C'est ainsi qu'un même cou peut paraître à un juge d'une longueur suffisante, à un autre d'une bonne longueur et à un troisième d'une longueur légèrement excessive.
De même, à qualité ou à défaut égal, on peut attribuer une importance différente selon l'impression qu'il produit sur l'observateur. De nombreuses caractéristiques d'une race ne peuvent pas être décrites par des mots mais sont laissées à l'appréciation du juge. Essayons par exemple de décrire en termes extrêmement précis l'« expression amicale » requise par le standard du Golden.
La notion de « type » vient compliquer encore davantage les choses. Cette expression désigne, en termes zoologiques, toutes les caractéristiques qui permettent d'identifier une race par rapport à une autre. Ce sont les détails particuliers qui permettent de reconnaître un sujet comme appartenant à une race déterminée. Naturellement, ces caractéristiques ne sont pas limitées à la partie purement morphologique, mais peuvent aussi concerner l'expression, la marche, la voix. Si dans l'absolu cette notion peut être exprimée clairement en se référant à des paramètres descriptifs précis, les choses se compliquent quand on demande à un juge quelle valeur il compte assigner (en positif ou en négatif) à des caractères de type déterminé pour une race précise.
Les interprétations peuvent être très différentes et, même en se référant au Golden, le jugement prononcé par deux juges peut ne pas toujours coïncider.
On comprend que, devant de telles considérations, l'amateur se sente perdu, incapable de comprendre qu'un même chien peut recevoir un jugement différent selon le juge. Toutefois, comme nous l'avons déjà dit, le jugement reste subjectif et celui qui fréquente les expositions doit s'y habituer et l'accepter sportivement. L'expérience apprend à ne pas trop se décourager et à se retrouver, la fois suivante, davantage prêt à accueillir sereinement le jugement.
Le premier juge du chien reste le propriétaire, qui doit être capable d'évaluer avec objectivité les qualités et les défauts du sujet qu'il expose, et d'accepter avec sportivité que les choses ne se passent pas toujours comme il l'aurait souhaité. La pire erreur que l'on puisse faire est de surévaluer son chien en mettant en cause la responsabilité du juge dans son échec. Si c'est un chien de valeur, il aura certainement la possibilité de recevoir une récompense justifiée au cours de sa vie d'exposition. Rares sont les champions qui, au cours de leur carrière, n'ont pas au moins une fois fait mauvaise figure lors d'un concours.

COMMENT SE PRÉPARER À UNE EXPOSITION

Lors de leurs premières expositions, les propriétaires sont souvent déçus parce qu'ils ne comprennent pas la raison des mauvais résultats obtenus par leur chien.
Cette déception vient du fait que l'exemplaire présenté – même si c'est un chien très typique – n'est pas aussi beau que ce que le maître pensait, en raison d'une mauvaise préparation à ce rendez-vous.
Le jugement d'un chien s'effectue en quelques minutes. Par conséquent, il est essentiel que durant ce court laps de temps le présentateur du chien parvienne à faire ressortir toutes les qualités possibles de celui-ci.
N'importe quel juge, même avec la meilleure volonté, aura du mal à bien juger un chien qui n'est pas toiletté, qui s'assied au milieu du ring et qui, au lieu de trotter, avance par à-coups ou tente même de rejoindre le public pour faire la fête à quelqu'un qu'il a reconnu !
Le jugement d'un chien est effectué, dans l'ordre, avec l'animal en position immobile puis en mouvement. Le chien doit donc se présenter en position « placée ». Cette expression signifie que le chien est immobile sur ses quatre pattes, placées « d'aplomb », c'est-à-dire dans la position la plus proche possible de la ligne verticale imaginaire par laquelle le juge examinera les membres, vus de face, de profil ou de derrière.
Il est évident que seul un chien dont la construction est

absolument correcte est capable d'être placé avec un aplomb parfait. Si les membres présentent des défauts de construction, même la meilleure des présentations ne parviendra pas à les masquer. Toutefois, une présentation correcte permet au chien de donner une meilleure image de soi, y compris s'il est dépourvu de défauts, et de retenir l'attention du juge dès le premier coup d'œil.

La préparation doit débuter bien longtemps avant l'exposition. Le maître commet souvent l'erreur de se présenter en exposition avec son chien sans l'avoir préparé au type de prestation qu'il va affronter.

Si on a l'intention de fréquenter régulièrement les expositions, on peut déjà commencer le travail de dressage sur le chiot en ayant cette finalité. La première étape consiste à entraîner le chiot à rester immobile sur ses quatre pattes, en s'aidant d'un morceau de pain ou d'un biscuit, pour qu'il s'habitue à rester dans cette position à côté de son maître. Au début, il n'est pas très important que le chien soit placé correctement, l'essentiel est qu'il comprenne qu'il doit rester immobile sans s'asseoir ni essayer de s'enfuir.

Il est fondamental de ne pas fatiguer le chien (quelques secondes suffisent au début) et de faire comprendre au chiot que ce nouveau jeu fait non seulement plaisir à son maître mais sera également synonyme de récompense sous forme de félicitations et de friandises.

Quand on arrive à maintenir le chiot immobile dans cette position pendant au moins une minute, on peut déplacer ses membres de façon qu'ils soient placés dans la bonne position. Ensuite, on l'habitue à se sentir tenu par une main sous le menton et la queue tendue.

Comme le juge va également examiner la dentition du sujet, afin de vérifier qu'elle est correcte et complète, il est indispensable d'y habituer le chien. Pour cela, il peut être utile, au bout d'un certain temps, de demander à une personne étrangère (par exemple un ami) d'effectuer cette opération et de toucher aussi d'autres parties du corps (membres, queue, thorax) pour que le chien s'habitue à être également examiné par des personnes qui ne lui sont pas familières.

Il est souvent difficile de savoir si le chien est placé correctement, surtout quand on est près de lui et qu'on est débutant. Dans ce cas, on peut placer un miroir de face à deux ou trois mètres de distance, ou bien utiliser un caméscope pour s'aider à corriger d'éventuelles erreurs.

La deuxième partie du dressage concerne la phase en mouvement du jugement. Le chien doit avancer au trot à l'intérieur du ring et il doit donc être habitué à cette allure, exécutée en laisse et à la gauche du propriétaire.

Le chiot doit apprendre à ne pas « rompre » au galop et à avancer avec régularité en suivant les déplacements du conducteur. Une fois que le chien a atteint un certain niveau de dressage, il faut essayer, y compris en présence d'autres chiens, de recréer autant que possible la situation d'un véritable jugement. En effet, il arrive souvent qu'un jeune chien, pourtant docile à la maison soit, à sa première sortie, si excité et si heureux de la présence de tant d'autres chiens qu'il devienne « ingouvernable », préférant jouer avec ses semblables plutôt que de se montrer au juge.

Il existe toutefois des chiens qui aiment particulièrement le ring et qui y montrent presque naturellement le meilleur d'eux-mêmes, tandis que d'autres semblent être assaillis par une « déprime » soudaine dès qu'ils posent le pied dans une exposition. Il est évident qu'un chien qui appartient à la première catégorie constitue un avantage certain pour un conducteur, surtout s'il est débutant.

L'expérience du chien et du conducteur joue un rôle très important dans n'importe quelle exposition, tout comme l'entente qui existe entre eux. Certains participants déçus expliquent parfois la victoire de chiens présentés par des éleveurs ou des *handlers* expérimentés par une sorte de respect à l'égard de ces catégories de participants. Pourtant, dans la très grande majorité des cas, les victoires s'expliquent non seulement par la supériorité des sujets présentés mais aussi par le professionnalisme avec lequel ils sont présentés sur le ring.

LE TOILETTAGE

Le toilettage représente une partie importante de la phase préparatoire à une exposition.

Ce terme désigne la préparation, plus ou moins complexe, de la robe du chien afin de lui donner un meilleur aspect. Pour certains types de races, cette opération est assez longue et laborieuse parce qu'elle suppose des interventions très complexes (comme le *stripping*) qui ne peuvent être exécutées que par des mains expertes.

La préparation d'un Golden est heureusement une opération plus simple, même si naturellement elle nécessite une certaine expérience, de bonnes qualités manuelles et la connaissance précise de l'objectif ultime à atteindre.

Pour de nombreuses races, le toilettage a souvent pour but de tenter de recouvrir d'éventuels défauts. Chez le Golden, il est au contraire principalement pratiqué pour exalter certaines caractéristiques que son aspect naturel ne permet pas d'apprécier, surtout quand il n'est évalué que sur un temps très limité comme c'est le cas dans les expositions.

L'équipement nécessaire au toilettage est très simple et comprend :

– des ciseaux à lames droites et assez longues ;
– des ciseaux crantés ;
– une brosse ;
– un peigne ;
– un couteau de *stripping* (seulement si on sait l'utiliser).

Les zones où l'on peut intervenir sont nombreuses :

– la partie antérieure constituée par le cou, la poitrine et les épaules ;
– les oreilles ;
– les pieds ;
– la partie postérieure du métacarpe ;
– la partie inférieure du sternum ;
– la partie postérieure du métatarse ;
– la queue.

Beaucoup de propriétaires de Golden retrievers éprouvent une sorte de crainte respectueuse vis-à-vis du toilettage, se considérant a priori incapables de l'effectuer et ayant peur d'accomplir un désastre.

Comme dans beaucoup de domaines, cette opération risque de ne pas apporter les résultats espérés lors des premières tentatives. L'important est de ne pas se décourager et d'arriver à comprendre, au fur et à mesure, quelles sont ses erreurs pour bien progresser.

Évidemment, il est conseillé de regarder d'abord l'œuvre de quelqu'un de plus expérimenté et d'essayer de répéter ses gestes. Comme le poil a une croissance rapide, il est impossible de provoquer des dommages irréparables. Il faut juste éviter de se lancer dans des expériences deux semaines avant une exposition importante…

La partie antérieure présente peut-être le plus de difficultés et demande le plus de prudence.

Les personnes ayant vu un Golden à l'état naturel auront relevé l'existence d'une sorte de crinière qui part du cou et traverse les épaules pour arriver à la poitrine. Cette surabondance de poils empêche la plupart du temps d'apprécier la longueur du cou et donne parfois l'impression d'une attache directe entre la tête et les épaules.

L'angulation de ces dernières est donc plus difficile à discerner, tandis que l'abondance de poils sur la poitrine et sur le sternum peut donner l'impression que le chien est court sur pattes. Avant de commencer, il faut se souvenir que quand le toilettage est réussi le poil donne des premiers signes de croissance au bout de dix jours. Le chien doit avoir un aspect le plus naturel et le moins artificiel possible. Il est conseillé de procéder prudemment, étant donné qu'il est facile de trop couper, créant ainsi des ruptures d'homogénéité sur la surface de la robe.

Pour le toilettage de cette partie, on utilise les ciseaux crantés et un peigne. On introduit les pointes des ciseaux du bas vers le haut sous le poil et l'on effectue deux ou trois coupes au maximum à la fois. Ensuite, avec l'aide du peigne, on retire le poil coupé et on contrôle le résultat. Il est indispensable de procéder avec un minimum d'ordre, en commençant par une zone et en élargissant au fur et à mesure l'opération à la zone environnante. S'il y a beaucoup de poils à retirer, il est recommandé d'effectuer un premier « dégrossissage » avant de passer aux finitions.

Le résultat doit être homogène et si l'on enlève par exemple une grande quantité de poils sur la zone du cou, il faudra procéder de même sur la poitrine, afin d'éviter un contraste excessif. Une fois que l'on a acquis une certaine habitude et un bon « coup d'œil », la portée de l'intervention peut être nuancée en fonction des caractéristiques du chien.

Un chien dont le thorax n'est pas très développé peut avoir une plus grande quantité de

Fantastic Chiaroscuro Golden Angels of Oberach en train de prendre la bonne position sur la table de toilettage (propr. et photo Élevage Chiaroscuro)

poils sur la poitrine, tandis que le cou assez court d'un chien peut être mis en valeur avec un nettoyage marqué. La présence de fanons nécessite un nettoyage à fond de cette zone. La partie inférieure du sternum et leurs franges doivent être retouchées en tenant compte de l'impression générale du chien. Un chien plutôt court sur pattes a besoin d'un toilettage plus marqué qu'un autre qui est « monté sur échasses ».

La zone des oreilles doit être retouchée pour bien faire ressortir leur forme et leurs dimensions. L'intervention, exécutée avec les ciseaux crantés, s'effectue tout d'abord dans la zone entourant le pavillon, afin de le faire ressortir de la zone crâne-cou située dessous. On passe ensuite au nettoyage de l'oreille au sens strict (en retirant y compris les poils superflus du pavillon interne) et à son contour.

L'opération peut aussi être exécutée au couteau de *stripping*, qui est une lame dentée équipée d'une poignée. Le poil est tenu entre le pouce et la lame et on procède par des gestes brefs dans le sens du poil. Le résultat obtenu est une coupe *sui generis* beaucoup moins nette et plus naturelle.

On passe ensuite à la zone du pied. En utilisant les ciseaux droits, on coupe le poil en suivant le contour externe des coussinets et en retirant également l'éventuel excès de poils sous le pied, entre les coussinets. Quand le poil est trop long dans cette zone, il se forme facilement des nœuds ou des accumulations de terre qui peuvent gêner la déambulation. La coupe a pour but d'obtenir la forme de pied appelée « de chat » demandée par le standard.

Dans la zone du métacarpe et du métatarse (qui correspond à la zone située entre la pointe du jarret et le pied), il faut utiliser les ciseaux crantés pour nettoyer le poil en excès, ce qui permet de mieux faire ressortir la forme du pied.

La queue a une grande importance dans l'aspect général et sa préparation consiste à raccourcir la longueur de la partie terminale et à égaliser régulièrement les franges. Après avoir bien brossé la queue, on attrape sa pointe d'une main et on l'épointe avec les ciseaux droits, en laissant au moins un centimètre et demi à deux centimètres après la dernière vertèbre (qui servira à maintenir la queue soulevée au moment de la présentation). Ensuite on procède, toujours avec les ciseaux droits, à la coupe des franges afin que la queue prenne une forme semi-circulaire en éventail caractéristique. À titre indicatif, on peut fixer à deux centimètres la longueur maximale du poil à l'endroit le plus haut de l'éventail.

LE BAIN

Le bain prend une importance considérable dans la préparation d'un chien pour une exposition.
En effet, après l'avoir toiletté au moins une quinzaine de jours avant, on termine le toilettage par cette opération. Cela donnera au poil du chien la dernière touche pour avoir une belle apparence à l'intérieur du ring.
Si vous en avez la possibilité, donnez le bain à la maison, ce qui vous évitera de payer un toiletteur pour chiens.
Le bon moment pour le bain est uniquement déterminé par l'examen du type de poil du chien et d'après l'expérience. Généralement, on peut dire qu'un poil qui n'est pas trop ondulé et d'une consistance soyeuse permet de donner un bain la veille de l'exposition. En revanche, pour un poil très ondulé ou d'une consistance assez grosse, il est conseillé d'effectuer le bain deux ou trois jours avant l'exposition. Si le chien n'est pas trop sale, on peut utiliser un shampooing classique, pour cheveux secs, normaux ou gras en fonction de son type de poil.
Un seul shampooing est le plus souvent suffisant et l'opération de rinçage a une importance particulière. Elle doit être soignée et complète pour éviter les restes de savon sur le poil qui pourraient le rendre opaque. Dans certains cas, par exemple si les chiens ont peu de poils ou des poils très secs, il est conseillé d'utiliser, après le shampooing, un baume qui donne du volume et de la souplesse à leur robe.
Le séchage est également très important et sa méthode varie selon le poil du chien. Si pour la majorité des Golden retrievers un séchage naturel (frotté avec une serviette et brossé) est suffisant, les chiens ayant un poil particulièrement ondulé doivent être séchés au sèche-cheveux (ou avec un séchoir adapté), pour éviter un gonflement trop important, tout en peignant le poil du chien durant l'opération.
Dans les cas « désespérés », il peut être utile d'avoir recours aux résines antistatiques qui évitent la formation de boucles inesthétiques.

QU'EST-CE QU'UNE EXPOSITION CANINE ?

Les expositions peuvent être de différents types et elles se déroulent presque tout au long de l'année.
Leur importance varie des manifestations « locales » aux championnats européens ou mondiaux, organisés dans divers pays du monde.
Les épreuves de travail sont organisées par le Retriever Club de France en partenariat avec la Société centrale canine. Si vous souhaitez participer à une exposition, il est tout d'abord conseillé de devenir membre d'un club de race, d'une société spécialisée ou d'un groupe cynophile, nombreux dans toute la France. Cela vous permettra de recevoir leurs bulletins dans lesquels sont reportés les programmes des expositions pour la saison.
Les expositions sont de différents types :
– **régionales**, où le certificat d'aptitude au championnat n'est pas en jeu ;
– **nationales**, où est mis en jeu le CACS, c'est-à-dire le certificat d'aptitude au championnat de standard ;
– **internationales**, où sont en jeu non seulement le CACS mais aussi le CACIB, le certificat d'aptitude au championnat international de Beauté ;
– **rassemblements**, qui sont des expositions réservées à une race ou à un groupe de races, organisés par un club ou une société spécialisée de la race.
Le mécanisme et la division en classes des sujets à l'intérieur de ces types d'expositions sont identiques et seuls les titres mis en jeu diffèrent.
Une fois que l'on a sélectionné son exposition, si possible pas trop loin de chez soi, il faut inscrire son chien. Il est conseillé de débuter par

une exposition régionale, surtout si on est novice en la matière. De plus, la concurrence et le nombre de sujets inscrits n'y sont pas aussi élevés que dans les expositions plus importantes.

Après s'être procuré le bulletin d'inscription dans la presse spécialisée ou auprès de l'organisateur, on le remplit avec toutes les données du chien et on l'expédie.

Le chien doit être inscrit dans une « classe » de l'exposition, une notion qui nécessite quelques précisions. Le jugement des sujets inscrits est effectué par race et, à l'intérieur de chaque race, par sexe et par classe. Cette dernière division tient compte de l'âge du chien et d'une éventuelle obtention de titres lors d'expositions précédentes.

La raison de cette dernière subdivision est facile à deviner : il serait absurde de juger ensemble, au moins au cours de la première sélection, des chiens d'âges différents ou des chiens ayant obtenu des titres avec des chiens « débutants ». Les classes reconnues sont les suivantes :

Classe champion de Beauté : elle est réservée exclusivement aux chiens déclarés champions de Beauté nationaux des pays membres de la FCI.

Classe ouverte : ouverte à tous les chiens ayant atteint l'âge minimal de quinze mois au jour de l'ouverture de l'exposition. Cette classe donne toujours droit à l'attribution du CACS (Certificat d'aptitude au championnat de standard) en concurrence avec la classe de Travail, ainsi qu'à l'attribution du CACIB en concurrence avec la classe de Champion.

Carina Selberg et Michelle Vanzetti qui attendent leur tour pour le jugement (photo Élevage Kukkola)

Classe jeunes : pour les chiens âgés de neuf à dix-huit mois.

Comme on peut le remarquer, les chiens âgés de quinze à dix-huit mois peuvent s'inscrire dans la classe « ouverte » ou « jeunes ». C'est le propriétaire qui choisit librement en fonction du degré de maturité de son chien : s'il est encore en phase de croissance et de maturation, comme cela se produit souvent chez le Golden, il est conseillé de l'inscrire dans la classe « jeunes ».

Il existe aussi la possibilité d'inscription **hors concours**, mais cela ne se fait pratiquement jamais.

L'exposition se déroule généralement au cours d'une seule journée au niveau régional, national et pour les rassemblements, en deux jours pour les expositions internationales. Cela ne signifie pas que le chien soit jugé sur deux jours. Simplement, le nombre de chiens inscrits dans les expositions internationales oblige les organisateurs à diviser les races en deux groupes.

Les juges débutent généralement à dix heures du matin et les participants ont la possibi-

lité d'entrer dans l'espace d'exposition une ou deux heures avant. Il est d'ailleurs recommandé d'arriver suffisamment en avance.
À l'entrée, les chiens sont soumis à une courte visite vétérinaire qui a pour but de vérifier l'absence de maladies ou des chaleurs pour la femelle.
Une fois la visite terminée (au cours de laquelle il faut montrer le certificat de vaccination antirabique du chien), l'exposant doit retirer son « enveloppe » contenant son numéro. C'est ce numéro qui sera porté par le chien à l'intérieur du ring et qui est reporté sur le catalogue dressant la liste de tous les sujets qui participent à l'exposition.
Lorsqu'on a trouvé son ring, c'est-à-dire l'espace d'exposition à l'intérieur duquel ont lieu les jugements pour la race, il est conseillé de se placer juste à côté, de façon à être prêt quand son tour viendra.
Notamment dans les petites expositions, le juge désigné évalue plusieurs races et il est donc conseillé de regarder dans le catalogue pour savoir quel est l'ordre de passage des différents jugements. Cela permet de savoir approximativement à quelle heure les Golden retrievers vont être jugés.
Beaucoup d'exposants, cependant, sont systématiquement appelés au moment de leur jugement.
C'est une attitude mal élevée qui oblige les juges et les autres participants à une attente qui pourrait être évitée avec un minimum d'attention et de respect pour les autres.

CE QU'IL FAUT EMPORTER POUR UNE EXPOSITION

Examinons ce qu'il est conseillé de prendre avec soi le jour de l'exposition.

- Une copie du bulletin d'inscription et le reçu.
- Le livret des qualificatifs. Obligatoire, il s'agit d'un livret dans lequel sont consignés tous les résultats obtenus dans les expositions et les épreuves de travail par le chien. Il est délivré par les délégations SCC ou dans les expositions.
- Une laisse normale.
- Une laisse d'exposition. Il s'agit d'un ruban, généralement en matière synthétique, à l'extrémité duquel se trouve un anneau en métal dans lequel il coulisse. Cela forme une sorte de nœud coulant autour du cou du chien (sans collier). Sa légèreté et le fait qu'il s'agisse d'un matériau très fin permettent au juge d'avoir une vision du chien « au naturel ».
- Une écuelle pour l'eau.
- Des serviettes pour éventuellement le sécher ou le nettoyer d'urgence.
- Des brosses et des peignes.
- Un tapis pour permettre au chien de s'allonger.
- Une cage repliable. Les cages ne sont pas toujours disponibles dans les expositions pour y placer son chien. De plus, elles ne sont pas forcément placées à proximité du ring. Une fois que l'on décide de fréquenter vraiment les expositions, il peut donc être utile d'en acheter une repliable, qui permet surtout au chien d'être tranquille et évite au propriétaire de devoir contrôler en permanence son animal.
- Un ou plusieurs sièges pliants.

LE JUGEMENT

Le jugement consiste en une analyse détaillée des qualités et des défauts du chien exposé et en une assignation d'un jugement puis d'un classement entre les quatre premiers sujets exposés dans la même classe. Les vainqueurs dans leurs classes respectives sont ensuite départagés pour proclamer le meilleur de la race, c'est-à-dire le chien considéré comme le plus méritant parmi tous les sujets exposés de la même race.
L'entrée des chiens sur le ring s'effectue en fonction de l'ordre défini par le catalogue et selon la division par classes dont nous avons parlé.

Chaque participant, avec son numéro de catalogue en évidence, entre sur le ring avec les sujets appartenant à la même classe et se place en rang le long du ring.

Généralement le juge, après un examen général sommaire de tous les sujets présents, passe à un examen circonstancié de chacun d'eux.

Pendant la phase statique du jugement, le chien peut être tenu de deux façons : par contact direct avec l'exposant, qui se place du côté opposé au juge avec une main sous le menton du chien et l'autre qui tient l'extrémité de la queue ; ou, de façon plus naturelle, debout face au chien qui prendra spontanément la bonne position.

Ensuite, le juge demande à l'exposant de déplacer le chien, en lui faisant généralement parcourir ce que l'on appelle un « triangle ». Cela signifie qu'il doit se déplacer sur le ring au trot pour que le juge puisse observer en mouvement l'arrière-main et de l'avant-main, ainsi que le comportement de la ligne dorsale durant la marche.

Le résultat de cet examen se traduit par un compte rendu que le juge dicte à son assistant. Ce document comprend aussi un examen des différentes zones anatomiques du sujet, avec leurs qualités et leurs défauts, son allure, son comportement sur le ring et sa présentation.

Dans certains pays, le compte rendu n'existe pas ou bien est réservé aux sujets classés premiers ou encore il est très synthétique. Ce compte rendu revêt une grande importance pour le débutant, parce qu'il l'aide à mieux comprendre la valeur de son chien et également la raison de certains choix de classement.

Le compte rendu se termine par un qualificatif qui est forcément un des suivants (sauf, cas très rare, où le juge considère que le sujet est inqualifiable) :

Excellent : c'est le meilleur qualificatif qui est attribué aux sujets qui se rapprochent le plus du standard idéal de la race. Ils sont en parfaite condition et forment un ensemble harmonieux et équilibré. L'allure de ces chiens doit être « brillante », ils doivent dégager une certaine classe et – ce qui est très important – posséder les caractéristiques de leur sexe.

Très bon : ce qualificatif est attribué aux chiens parfaitement typés, en bonne condition physique et dans l'ensemble bien proportionnés ainsi que sans défaut morphologique évident. Ce jugement ne peut évidemment récompenser qu'un chien de qualité.

Bon : ce jugement est attribué aux chiens qui possèdent les caractéristiques de la race à laquelle ils appartiennent, mais qui présentent des défauts évidents, sans être rédhibitoires.

Assez bon : ce qualificatif est attribué aux chiens qui ne sont pas suffisamment typiques, présentant de graves défauts ou une assez mauvaise condition physique.

Pour chacun des deux sexes, le juge peut accorder le CACIB (uniquement dans les expositions internationales). Il est réservé au meilleur chien classé « excellent » et premier dans les classes « champions », « ouverte » ou « de travail ». Le juge peut aussi accorder le CACS (dans les expositions nationales ou internationales), c'est-à-dire un certificat réservé au meilleur chien classé « excellent » dans les classes « ouverte » ou « de travail » (pour le Golden actuellement dans la classe « ouverte »).

Ces deux certificats n'accompagnent pas obligatoirement une première place au classement.

Une fois que le juge a établi son classement pour chaque classe, il départage les chiens appartenant au même sexe (à condition naturellement qu'ils aient remporté le même qualificatif). Ainsi, le juge choisit le meilleur mâle puis la meilleure femelle parmi les premiers de la classe champions, de la classe « ouverte », « de travail » et « jeunes ».

Dans les expositions internationales, où le CACIB est en jeu, ne concourent à l'obtention de ce certificat que les chiens ayant remporté la classe « champions », « ouverte » ou « de travail ».

Il peut donc arriver, même si c'est rare, que le vainqueur du CACIB ne soit pas nécessairement le chien le plus beau de son sexe mais que ce soit le vainqueur de la classe « jeunes ».

Pour terminer, le juge départage le meilleur mâle et la meilleure femelle pour proclamer le meilleur de la race, c'est-à-dire le chien considéré comme tel ce jour-là. Ces sujets sont également désignés par le sigle BOB (de l'expression anglaise *Best of breed*) et BOS (*Best opposite sex*).

Latus Anniae Baciami Billy Player au trot pendant le jugement (photo et propr. Élevage Latus Anniae)

Pour le chien qui a été proclamé « meilleur de la race », la journée n'est pas terminée. En effet, à la conclusion de l'exposition se disputent les regroupements, c'est-à-dire de véritables finales entre tous les chiens jugés comme meilleurs représentants de leur race. Il existe dix regroupements pour les expositions internationales et huit pour les expositions nationales.

Les chiens sont jugés en fonction de leur groupe d'appartenance, c'est-à-dire en même temps que les autres races avec lesquelles ils ont des traits et des origines communs.

Le Golden appartient au huitième groupe, celui des « Chiens de rapport, de recherche et d'eau ».

À la fin de l'exposition, les vainqueurs de tous les groupes (qui se sont déroulés, selon le type d'exposition, en une seule journée ou bien en deux jours) s'affrontent pour disputer le titre du meilleur sujet de l'exposition ou BIS (*Best in show*). Le vainqueur est nécessairement un sujet de très haut niveau et ce titre constitue souvent en soi le couronnement de la carrière d'un chien.

INDEX ANALYTIQUE

accouplement, 144, 149-154
acides aminés, 126
âge, 43-46
agressivité, 53
alimentation, 123-140
– des reproducteurs, 140
– durant la gestation, 154-158
– industrielle, 109
– traditionnelle, 109
aliments
– du régime, 131-134
– tout prêts, 134
allaitement, 161, 162
allures, 63-65
amidon, 126
ankylostomes, 171
apathie, 164
aplombs
– cagneux, 56
– panards, 56
appareil
– musculaire, 42-43
– squelettique, 42-43
– tégumentaire, 47-49
appétit, 109
apprentissage, 162
arrière-main, 61-62
ascaris, 170
aspect, 51
« assis », 187
atrophie de la rétine, 145, 179
avant-main, 56
bain, 117
boiterie, 177
bouche, 55
brossage, 117
cardiopathies congénitales, 180
cataracte, 47, 145, 179
césarienne, 155
chaleurs, 90, 149, 151
chanfrein, 53
chiot, 85-99, 158—162
– alimentation du, 137-140
– choix du, 86-93
– évaluer un, 95
cholestérol, 126
coccidiose, 171
comportement, 106
conduite à pied, 187
consanguinité, 145
côtes, 59
cou, 39-40, 55
« couché », 187
couleur, 66-69
coup de chaleur, 177
coussinets, 164
crâne, 53-54
croupe, 41
cryptorchidie, 148, 179
cuisses, 61
défauts, 70
dents, 43-46, 117
dépigmentation, 54
dermatites, 110
diarrhée, 156
diététique, 109
dos cyphotique, 60
dressage, 181-193
dysplasie, 145, 178
écuelle, 102, 109
eczéma, 110
éducation, 104-105, 108, 119
élevage, 141-162
éleveurs, 75, 76, 85, 142
empoisonnements, 117, 173, 174
entropion, 145, 179
épaules, 40, 56
éperons, 164
étalon
– choix de l', 145
état de choc, 173
exercice, 110-114
expositions, 195-205
fanons, 54, 56
FCI, 85, 86
fécondation artificielle, 154
femelle, 143
fémur, 61
fertilité
– période de, 151
fibres, 127
filaire, 171
filariose, 102
fractures, 177-178
fréquence respiratoire, 166
garrot, 56
gestation, 154-158
grassets, 61
hépatite virale infectieuse, 166
herpès, 166
hydrates de carbone, 126-128
hygiène, 159, 163-180
hypofertilité, 154
imprinting, 119
inappétence, 164
inbreeding, 145
insémination artificielle, 152
jarrets, 61, 62, 63, 64
jeu, 113
jugement, 203
lactation, 140
laisse, 121, 135, 187
lait, 133, 139
leishmaniose 102, 172
leptospirose, 113, 167
lésions, 44, 172
lignes d'aplombs, 56, 59
linebreeding, 146
lipides, 125
Livre des origines français, 85, 97, 162
lordose, 60
mâchoire, 55
maladie de Carré, 165
maladies
– infectieuses, 165-167
mandibule, 44, 55
masséter, 54
mastite, 161, 162
membres
– antérieurs, 40
– postérieurs, 41-42
mise bas, 154-158
– caisse de, 160
monorchidie, 148
morphologie, 39-49
morsure de vipère, 177
mouvements, 63-65

mue, 66
museau, 53
mycoses, 172-173
nématodes, 170
obésité, 109, 110, 134, 140
odorat, 47
œstrus, 148
ongles, 164
ordres, 105, 187
oreilles, 47, 54-55, 117
– nettoyage des, 164
origines, 9
orthognathie, 55
otite, 47, 164
outbreeding, 146
outcross, 146
panier, 101, 102
papiers, 162
paramètres physiologiques, 166
parasites
– externes, 168
– internes, 170
parasitoses, 168-173
– gastro-intestinales, 164
– symptômes des, 169
paresse, 164
parvovirose, 165
« pas bouger », 187-188
pieds, 62-63
pigmentation, 54
piqûres d'insectes, 176-177
piroplasmose, 172
poil, 65-66, 164
– brillance du, 164
poisson, 133
poitrine, 40
portée, 158-162
prognathisme, 55
protéines, 128
puces, 164, 168
pulsations cardiaques, 166
queue, 42, 63
– franges de la, 63
race
– diffusion de la, 78
– évolution de la, 12-14
– histoire de la, 9-37
rachitisme, 130
rage, 167
rappel, 185-187
rapport, 190-192
ration
– préparation de la, 137
reins, 59, 60
réprimandes, 106
reproducteurs
– compatibilité des, 149
reproduction, 141-162
rétrognathie, 55
saccharose, 127
saillie, 151, 152
santé, 163-180
sels minéraux, 130
sens, 46-47
sevrage, 110, 161
Société centrale canine, 85, 86, 162
soins, 117
sommeil, 108
soumission
standard, 51-69
stop, 53, 54
symptômes
– de maladie grave, 165
– de malaise, 165
taille, 69-70
tatouage, 105
tempérament, 53
température, 166
ténia, 171
tête, 39-40, 53-54
thorax, 40, 59, 60
tiques, 164, 168
toilettage, 198-201
toux de chenil, 168
travail, 74, 76
trichocéphales, 171
tronc, 59
truffe, 53, 54
vaccins, 117, 167
vermifugation, 149, 170
vétérinaire, 163
viande, 131-133
vitamines, 128—130
– hydrosolubles, 129
– liposolubles, 125, 130
voix, 183-185
yeux, 47, 54, 117
– nettoyage des, 164

TABLE DES MATIÈRES

INTRODUCTION	page	5
L'HISTOIRE DE LA RACE	»	9
Les origines	»	9
L'évolution de la race	»	12
Les élevages et les chiens les plus significatifs des cinquante dernières années	»	14
Le Golden en Europe	»	28
Le Golden en France	»	34
LA MORPHOLOGIE	»	39
Rappels d'anatomie fonctionnelle	»	39
Tête et cou	»	39
Épaules et membres antérieurs	»	40
Thorax	»	40
Croupe	»	41
Membres postérieurs	»	41
Queue	»	42
Les appareils musculaire et squelettique	»	42
Les dents et l'âge du chien	»	43
Les organes des sens	»	46
L'appareil tégumentaire	»	47
LE STANDARD	»	51
Aspect général	»	51
Caractéristiques	»	52
Tempérament	»	53
Tête et crâne	»	53
Yeux	»	54
Oreilles	»	54
Bouche	»	55
Cou	»	55
Avant-main	»	56
Tronc	»	59
Arrière-main	»	61
Pieds	»	62
Queue	»	63
Allures et mouvement	»	63
Poil	»	65
Couleur	»	66
Taille	»	69
Défauts	»	70
Note	»	70

LE GOLDEN ACTUEL .... page 73
Le Golden : un chien de travail ? .... » 74
Quel avenir pour le Golden ? .... » 78

LE CHIOT .... » 85
Où s'adresser .... » 85
L'éleveur .... » 85
Le choix .... » 86
Y penser… deux fois .... » 88
Mâle ou femelle ? .... » 89
L'aventure commence .... » 93
Le premier voyage .... » 97
Le choix d'un chien adulte .... » 99

LA VIE AVEC UN GOLDEN .... » 101
Les préparatifs avant l'arrivée du chiot .... » 101
Les premiers mois .... » 103
Quelques règles pour une heureuse cohabitation .... » 105
Conseils diététiques .... » 109
L'exercice .... » 110
La voiture .... » 114
Les soins habituels .... » 117
Un membre de la famille à part entière .... » 117

L'ALIMENTATION .... » 123
Principes généraux .... » 123
L'énergie .... » 124
Les graisses ou lipides .... » 125
Les glucides ou hydrates de carbone .... » 126
Les protéines .... » 128
Les vitamines .... » 128
Les sels minéraux .... » 130
Les aliments du régime .... » 131
Les aliments tout prêts .... » 134
La qualité des aliments tout prêts .... » 137
Conseils pour la préparation de la ration .... » 137
L'alimentation du chiot .... » 137
L'alimentation des reproducteurs .... » 140

ÉLEVAGE ET REPRODUCTION .... » 141
La femelle .... » 143
Le mâle .... » 145
L'accouplement .... » 149
La gestation et la mise bas .... » 154
La portée .... » 158

LA SANTÉ ET L'HYGIÈNE .... » 163
Les contrôles périodiques .... » 164
Les principales maladies infectieuses .... » 165
Maladie de Carré .... » 165
Parvovirose .... » 165
Hépatite virale infectieuse .... » 166

Herpès .... page 166
Rage .... » 167
Leptospirose .... » 167
Prophylaxie vaccinale et hygiénico-sanitaire .... » 167
Parasitoses .... » 168
Parasites externes .... » 168
Parasites internes .... » 170
Mycoses .... » 172
Secours d'urgence .... » 173
État de choc .... » 173
Empoisonnements .... » 173
Piqûres d'insectes .... » 176
Morsure de vipère .... » 177
Coup de chaleur .... » 177
Fractures .... » 177
Pathologies héréditaires .... » 178
Dysplasie de la hanche .... » 178
Pathologies de l'œil .... » 179
Cryptorchidie .... » 179
Cardiopathies congénitales .... » 180

Le dressage .... » 181
La voix .... » 183
Le rappel .... » 185
La conduite au pied .... » 187
L'ordre « assis » .... » 187
L'ordre « couché » .... » 187
L'ordre « pas bouger » .... » 187
L'utilisation du sifflet .... » 189
L'exercice du rapport .... » 190
Le rapport dirigé .... » 192
Le rapport à l'aveugle .... » 192

Les expositions .... » 195
À quoi servent les expositions ? .... » 195
Jugement, standard et type .... » 196
Comment se préparer à une exposition .... » 197
Le toilettage .... » 198
Le bain .... » 201
Qu'est-ce qu'une exposition canine ? .... » 201
Le jugement .... » 203

Index analytique .... » 207

Achevé d'imprimer en juillet 2004
à Milan, Italie,
sur les presses de Grafiche Milani

Dépôt légal : juillet 2004
Numéro d'éditeur : 8507